NGARN
Szeged
Ara
RUMÄNIEN
Woiwodina
Theiß
Tamiş
Osijek
Vukovar
Novi Sad
Save
Save
Belgrad
Eiserne Pforte
Tuzla
Morava
Balkangebirge
1336
Beljanica
SERBIEN
Srebrenica
Gamzigrad
Kalenić
Westliche Morava
Donau
Westbalkan
Drina
Višegrad
Studenica
Südliche Morava
Niš
Maglić
2387
Durmitor
2522
Bobotov Kuk
Tara
MONTENEGRO
Mitrovica
Sofia
Komovi
2487
Kučki Kom
Đeravica
2656
Peć
Pristina
Amselfeld
Gračanica
BULGARIEN
Kotor
Podgorica
Jezerce
2693
Albanische Alpen
KOSOVO
Cetinje
Budva
Sveti Stefan
Skutarisee
Skutari
Drin
Prizren
Kumanovo
Pirin
Bar
Tetovo
Skopje
Ulcinj
2764
Golem Korab
MAZEDONIEN
Tirana
ALBANIEN
Ohrid
Bitola
Ohridsee
Sveti Naum
Prespasee
GRIECHENLAND

HERBiG *Horizonte*

Detlef Kleinert

Wenn Tito das wüsste

Von der kroatischen Küste bis zu den Bergen des Balkans

Mit 51 Fotos

Herbig

Für Waltraud, Leila und Seila

Bildnachweis:

Alle Bilder aus dem Archiv des Autors, außer: S. 51: Split-Tourismus; S. 79, 82: Nada Seelimovic; S. 85, 93, 99 Kay Werthschulte; S. 103: Cornelius Bechtler; S. 119, 121, 128, 131, 133, 135: Dragan Bosnić (TOS); S. 124: Konrad Zielinski; S. 134, 144, 151, 155, 157: Darko Dozet; S. 163: Dragan Janović; S. 169, 171: Budva Tourist Org.; S. 178: culterramar; S. 187, 191, 209, 211: Igor Isakovski; S. 190, 206: Susan Milford; S. 193, 204: Vlado Kipirijanovski.

Mein besonderer Dank gilt Dr. Leila Werthschulte für vielseitige Anregungen und für ihre redaktionelle Unterstützung bei der Entstehung dieses Buches.

Besuchen Sie uns im Internet unter:
www.herbig-verlag.de

Umschlaggestaltung: Wolfgang Heinzel
Umschlagbild: corbis, Düsseldorf
Lektorat: Dagmar von Keller
Herstellung und Satz: VerlagsService Dr. Helmut Neuberger
& Karl Schaumann GmbH, Heimstetten
Gesetzt aus der 10/13 Punkt Sabon
Druck und Binden: GGP Media GmbH, Pößneck
Printed in Germany
ISBN 978-3-7766-2578-3

Inhalt

Balkan-Nostalgie

Jugoslawien – das war einmal eines der beliebtesten Reiseländer der Mitteleuropäer. Millionen verbrachten ihren Urlaub unter jugoslawischer Sonne – und bewunderten dabei die Schönheit des Landes, den Charme der Städte, die Mannigfaltigkeit von Landschaft und Kultur. Heute ist Jugoslawien Geschichte, aber all das, woran sich der Urlauber erinnert, die Sehenswürdigkeiten, Natur, Kunst und Kultur, vor allem aber auch die Gastfreundschaft der Menschen, ist noch immer eine Reise wert.

Fast 20 Jahre habe ich als ARD-Korrespondent in Jugoslawien gearbeitet, habe im Wesentlichen den Niedergang eines Landes hautnah erlebt, das einst unter Tito zu den am meisten geachteten Staaten auf diesem Erdball gehörte. Ich will kein Geheimnis daraus machen: Dieses Jugoslawien war mir als Schnittstelle von Kunst und Kultur zweier Geistesströmungen ans Herz gewachsen. Hier trafen Orient und Okzident aufeinander, hier sah es über Jahrzehnte so aus, als würde eine friedliche, ja sogar eine sich gegenseitig befruchtende Symbiose entstanden sein. Engstirniger Nationalismus/Chauvinismus hat eine Idee zerstört, die, zugegeben, nie so richtig gut funktioniert hat, die aber andererseits – so unter Tito – eine weltpolitisch respektable Rolle gespielt hat. Das ist endgültig vorbei, aus Jugoslawien sind heute sechs, seit dem 17. Februar 2008 (der Souveränitätserklärung des Kosovo) sogar sieben Staaten geworden, mit sehr unterschiedlichen Entwicklungen, aber auch mit ganz unterschiedlichen Zukunftsaussichten.

Noch immer streiten die Experten darüber, was zum Scheitern des südslawischen Experiments geführt hat. Es waren wohl mehrere Gründe, die letztendlich in den 1990er-Jahren zusammengetroffen sind. Vorbei! Jugoslawien ist Geschichte. Aber ich verstehe die nostalgischen Gefühle vieler meiner Freunde im Lande. Erinnern wir uns, Tito war es gelungen, Jugoslawien in den Mittelpunkt weltpolitischer Interessen zu rücken, als Führer der »Bewegung der blockfreien Staaten« pilgerten Könige und Präsidenten zu ihm. Unter dem Diktator spielte Jugoslawien in der ersten Liga der Weltpolitik. Doch Ruhm verblasst rasch, es war höchst interessant zu beobachten, wie sich in der Zeit des Zerfalls nur noch wenige als »Jugoslawen« bezeichnen wollten und wie sich dann, in den Jahren nach den Kriegen angesichts von Zerstörung und Not, wieder mehr und mehr Menschen dieser ihrer einstigen Staatszugehörigkeit erinnerten. Dazu passt, dass sich am 25. Mai 2007 etwa 10 000 Menschen im kroatischen Kumrovec, Titos Geburtsort, versammelten, um Titos Geburtstag zu feiern. Delegationen aus Bosnien, Serbien, Kroatien, Slowenien und Montenegro folgten der Einladung des Bundes der antifaschistischen Kämpfer Kroatiens (ja, so etwas gibt es im 21. Jahrhundert noch immer!).

Kein Zweifel, Jugoslawien zerbrach nicht erst mit der Abspaltung von Slowenien und Kroatien am 25. Juni 1991. Der Staat war schon 1980 am Ende, mit dem Tode Titos, der das Land mit eiserner Hand zusammengehalten hatte, der als Diktator mit politischen Gegnern nicht eben zimperlich umgegangen war, der aber andererseits sehr wohl um die divergierenden Kräfte gewusst und daraus die offenbar notwendigen Konsequenzen gezogen hatte. Jugoslawien, das war Ende des 19. Jahrhunderts die Idee des Bischofs Josip Juraj Strossmayer aus Đakovo in Slawonien gewesen, die süd(jugo)slawischen Völker in einem Staat zu vereinen. Der erste Versuch von 1918 war gescheitert, immerhin hatte es

Tito dann geschafft, den zweiten Versuch aus dem Jahre 1943 fast 50 Jahre lang am Leben zu erhalten. Doch dieses Experiment endete mit der größenwahnsinnigen Absicht des serbischen Despoten Milošević, aus Jugoslawien ein Großserbien zu machen, gemäß dem Grundsatz: Wo ein Serbe lebt, ist Serbien (so Milošević ganz ernsthaft). Und natürlich wird man nun, nachdem man vor dem Scherbenhaufen steht, sich fragen können: Wäre es für die Menschen nicht besser gewesen, in der gemäßigten Diktatur Titos zu leben, statt 250 000 Tote betrauern, ungeheure Zerstörung erdulden und vor allem einen kaum stillbaren Hass ganzer Volksgruppen künftig mit sich herumtragen zu müssen? Eine Frage, die zu beantworten das Schicksal uns nicht gestattet.

Ich schreibe »gemäßigte Diktatur«, vielleicht sollte man das präzisieren: Auch in einer Zeit, zu der im gesamten Ostblock strengstes Ausreiseverbot herrschte (erinnern wir uns, an der Berliner Mauer wurden Menschen erschossen, weil sie von Deutschland nach Deutschland wollten), hatte die Mehrheit der Jugoslawen einen Reisepass, den man ohne Probleme bekommen konnte und der zwei Jahre gültig war, ab 1980 sogar fünf. Mehr als eine Million Bürger verließ das Land, um als Gastarbeiter in Westeuropa, zumeist in Deutschland, zu arbeiten. Wo immer ich in Jugoslawien hinkam, überall fanden sich Menschen, die mich in gebrochenem Deutsch ansprachen und begeistert von ihrer Zeit in Deutschland erzählten. Um es ganz klar zu sagen: Natürlich gab es in Titos Kommunismus keine Freiheit in unserem Sinne, verglichen mit den osteuropäischen Diktaturen war Jugoslawien jedoch geprägt von einem System, das dem einzelnen gewisse Rechte und Freiheiten sicherte, einem System, von dem zum Beispiel Ostdeutsche nur träumen konnten.

Es sollte nach Titos Tod nur sechs Jahre dauern, bis in Serbien und in Kroatien politische Führer aufstanden, die auf der Klaviatur nationalistischer Gefühle die Völker gegeneinander hetzten, und nur fünf weitere Jahre bis zum endgültigen Zerfall Jugoslawiens. Europa stand damals völlig verständnislos vor einem Nationalitätenkonflikt, der ein scheinbar friedliches Land in ein Bürgerkriegschaos zu reißen schien. Was die meisten Politiker in Europa und den USA nicht begriffen oder nicht wahrhaben wollten: Es war kein »friedliches« Land gewesen, das da plötzlich in einen blutigen Konflikt stürzte, und es war kein »Bürgerkrieg«, der da am Balkan losbrach. Im Zuge der Umgestaltung Osteuropas entluden sich regionale Feindschaften, über die Tito die Decke der »Brüderlichkeit und Einheit« gelegt hatte. Er hatte gewusst, dass es unter dieser Decke brodelte, dass die Einigkeit immer bedroht war von dem spannungsreichen und nie abschließend geklärten Verhältnis zwischen Nationalismus und Föderalismus. In Mitteleuropa aber hatte man übersehen oder nicht begriffen, dass die über Jahrhunderte fremdbestimmten Völker ihre eigenen Nationen bilden wollten – koste es, was es wolle.

Insbesondere in Deutschland, in dem nach der Umerziehung in der Folge des Zweiten Weltkrieges Nationalismus als Tabu angesehen wurde (und wird), stand man völlig fassungslos einer Bewegung gegenüber, die nationalistisch, zuweilen sogar chauvinistisch agierte. Und was noch schlimmer war: Man begriff zunächst nicht, dass der Krieg vor unserer Haustür ein europäischer Krieg war. Erst als die Flüchtlingsströme hereinfluteten (insgesamt 400 000 Menschen, die auch in Deutschland gesellschaftliche Strukturen veränderten), merkten die Deutschen, dass diese Tür nur aus dünnem Sperrholz bestand.

1991/92 entstanden also eigenständige Republiken, in denen man sich kaum noch an Tito erinnern mochte – sogar die mit seiner Person verbundenen Städtenamen sind heute Vergangenheit. Fast Vergangenheit ist auch das Tito-Mausoleum mit dem weißen Marmorquader und der Aufschrift »Josip Broz Tito, 1892–1980«, vor dem sich Anfang der

1980er-Jahre noch lange Schlangen von Verehrern gebildet hatten. Heute wird das *Kuća Cveća*, das »Blumenhaus« in Belgrad als »Schandfleck« bezeichnet, die serbischen Fanatiker sprechen auch nicht mehr von Tito, sondern von »Josip Broz«, um dessen kroatische Herkunft hervorzuheben. Heute kommt kaum noch jemand zum Blumenhaus, die Ehrenwache ist längst abgezogen und nur die Einträge im Kondolenzbuch weisen auf ein paar unverdrossene Anhänger des früheren Herrschers hin.

Dies alles ist Teil einer zuweilen absonderlichen Geschichte, ich will sie nur streifen, um Sie nicht mit einem Geschichtsbuch zu langweilen. Doch ohne Geschichte kommt man am Balkan nicht aus – keine Angst, lieber Leser, ich will nicht bei Adam und Eva anfangen. Aber wussten Sie zum Beispiel, dass sich jene berühmte Sequenz aus Goethes »Faust«, in der es heißt: »Wenn hinten, weit, in der Türkei, die Völker aufeinander schlagen …« keineswegs auf die Türkei selbst, sondern auf den Balkan bezieht, der zu Zeiten des Herrn Geheimrats in Weimar unter dem türkischen Joch litt?

Im Sommer 2007 fahre ich wieder einmal durch die traumhaft schöne Landschaft in Slowenien, Kroatien und Bosnien (um Fotos für dieses Buch zu machen). Und wie von selbst gerate ich dabei in das sinnlose Intellektuellenspielchen: Was wäre, wenn … Wie also hätte sich Jugoslawien nach dem Zweiten Weltkrieg entwickelt (die Zeit zwischen den Weltkriegen darf, da weltweit krisenhaft, vernachlässigt werden), wäre Tito ein Demokrat, ein balkanischer Adenauer gewesen, hätte er mit einem Ludwig Erhard an seiner Seite das Land in eine soziale Marktwirtschaft geführt? Ich habe in allen Republiken viele Menschen gefunden, deren Fleiß, Geschicklichkeit und Ideenreichtum zu bewundern waren, sodass ich glaube: Jugoslawien hätte eine balkanische Schweiz werden, Wohlstand entwickeln und seinen Bürgern einen relativ hohen Lebensstandard sichern können. Frei von den Belastungen einer schmachvollen Vergangenheitsbewältigung wäre Jugoslawien zu einem Neidobjekt seiner Nachbarn Rumänien, Bulgarien und Albanien, vielleicht sogar Griechenlands geworden. Der extreme Nationalismus, der den Bund schließlich sprengte, hätte ebenso wenig eine Chance gehabt wie das Verteilungsproblem im Nord-Süd-Gefälle, die religiösen Gegensätze, die in den Konflikten der 1990er-Jahre eine so fatale Rolle spielten, wären gar nicht ausgebrochen, ein Minderheitenproblem hätte, wenn überhaupt, kaum eine Rolle gespielt und wäre von den Vorteilen einer prosperierenden Wirtschaftsentwicklung verdrängt worden. Im Idealfall hätte es keine jugoslawischen Gastarbeiter in Deutschland, sondern Gastarbeiter anderer Balkanländer in Jugoslawien gegeben.

Alles nur die rosarote Brille eines Beobachters, der angesichts einer wunderbaren Landschaft ins Schwärmen gerät? Natürlich weiß ich, dass schon das 1918 gebildete Königreich der Serben, Kroaten und Slowenen eine Vereinigung von Widersprüchen war, dass die ethnisch-religiöse Vielfalt der Einheit ebenso entgegenstand wie die Tatsache, dass hier Territorien mit völlig unterschiedlichen historischen Entwicklungen zusammengeführt wurden, in einer Zeit, in der in Europa Demokratien mehr und mehr Gewicht erhielten. Tatsache ist aber auch, dass der unheilvolle Sozialismus ganz wesentlich dazu beigetragen hat, das südslawische Experiment zum zweiten Mal gegen die Wand zu fahren.

Um so bemerkenswerter ist, dass die kulturellen Schätze in heute sieben eigenständigen Staaten trotz Krieg und Zerstörungswut aller Bevölkerungsgruppen erhalten werden konnten. Wie bedeutend diese Schätze für die Kulturgeschichte Europas sind, beschreibt Prof. Edgar Hösch in seinem Buch »Geschichte des Balkans« wie folgt: »In Südosteuropa stand die Wiege der europäischen Kultur. Auf dem Boden Ostroms, dem Herrschaftsraum des byzantinischen Reiches, hat sich jene fruchtbare Synthese von klassischer

Antike und Christentum, von griechischer Kultur, römischer Staatstradition und christlicher Religion ergeben, die Grundlage des europäischen Selbstverständnisses geworden ist.«

Was da ein wenig theoretisch klingt, ist in der Praxis zu bestaunen. Es kennzeichnete Jugoslawien, dass die Politik weitgehend zentral von Belgrad aus gesteuert wurde, dass aber Traditionen und Kulturen der Völker und Volksstämme ihr Eigenleben entfalten und durchsetzen konnten. Römisch-katholische und orthodoxe Christen, Moslems und andere Minderheiten pflegten ihr Brauchtum, ihre geschichtlichen Überlieferungen, ihre Kulturdenkmäler, was zu einer wohl einmaligen Konzentration von Sehenswürdigkeiten geführt hat, einem Reichtum von Kultur und Geschichte, die dem Besucher mehr als zwei Jahrtausende europäischer Entfaltung als ein offenes Buch vorlegt. Das reicht von den frühen Zeugnissen illyrischer Bevölkerung über Baudenkmäler aus der Zeit römischer Eroberungen, die glanzvollen Nachweise des frühen Christentums, die *stećci* (mittelalterliche Grabsteine) der Bogumilen und anderer sowie das Erbe der Osmanen, die nach der Schlacht auf dem Amselfeld im Jahre 1389 fast 400 Jahre den Balkan beherrschten, bis hin zu den Baudenkmälern der k. u. k.-Zeit, die eine grandiose Entwicklung insbesondere im Norden des Landes dokumentieren. Nicht übersehen will ich freilich auch eine Landschaft, die zum Teil karstig und schroff, dann aber wieder lieblich ist, die vor allem aber Nationalparks und Naturschönheiten zu bieten hat, die der von Hast und Stress geplagte Mensch unserer Tage als Labsal empfinden wird.

Letzter Anlass, dieses Buch zu schreiben, war ein Gespräch mit einem Freund, dem ich von den kulturellen Höhepunkten dieses Landstriches erzählte. Er, ein gebildeter Mann, stimmte sofort zu, ja, da gebe es viel, leider sei die berühmte Brücke in Sarajevo ja von den Serben zerstört worden. Radio Eriwan! Die Brücke ist nicht in Sarajevo, sondern in Mostar, und zerstört haben sie nicht die Serben, sondern die Kroaten. Dieses Gespräch aber zeigte mir, dass einerseits das Interesse am Balkan groß und andererseits Detailwissen offenbar nur spärlich vorhanden ist.

Lassen Sie sich deshalb entführen zu einem Spaziergang in ein bekanntes unbekanntes Land. Stellen Sie sich ein auf eine Form menschlicher Wärme, die offenbar davon abhängig ist, wie vermögend Menschen sind: je ärmer, desto großzügiger zumeist gegenüber einem Gast (und dies ist nicht nur auf dem Balkan so). Die traditionelle Gastfreundschaft hier hat auch durch die Kriege nicht gelitten, und dem Besucher gegenüber gibt man sich, selbst wenn über den Feind von gestern gesprochen wird, in der Regel tolerant. Da müssen Sie nicht alles glauben, was man Ihnen erzählt, genießen Sie trotzdem den angebotenen Kaffee, genießen Sie die Freundlichkeit der Menschen, genießen Sie aber vor allem die Kultur- und Baudenkmäler, die Naturschönheiten, die Sehenswürdigkeiten eines untergegangenen Landes.

Nur am Rande soll bei Ihrer Reise die Politik eine Rolle spielen, trotzdem hier ein Blick auf das zentrale politische Thema der Länder des ehemaligen Jugoslawiens. Ob Kroatien, Serbien, Bosnien, Montenegro oder Mazedonien und neuerdings auch Kosovo, sie alle streben in die Europäische Union, sie alle versprechen sich von der EU-Mitgliedschaft erhebliche Vorteile nicht nur für die wirtschaftliche, sondern auch für die gesellschaftliche Entwicklung ihrer Länder. Dies aber wird nach jetzigem Stand – Anfang des Jahres 2008 – viel schwieriger sein als erwartet. Slowenien im Norden ist bereits EU-Mitglied, hat gute wirtschaftliche Daten zu bieten, fühlt sich als vollwertiger Teil der europäischen Völkerfamilie – und hat sich ja in Wirklichkeit nie als »balkanisch« verstanden. Von Kroatien ist eigentlich das Gleiche zu sagen, wiewohl es bis heute darunter leidet, dass bis zum Jahre 2000 seine autoritäre, Europa-skeptische politische

Führung von den Europäern mehr als kritisch beäugt wurde. Serbien hat mit dem gleichen Phänomen zu kämpfen, die nationalistische Stimmung im Lande und bei führenden Politikern verspielt Zukunftschancen, die offensichtlich vorhanden wären. Montenegro, bis zum Jahre 2006 an Serbien gefesselt, stellt sich auf eine Zukunft als Tourismusland ein und verzeichnet dabei erste Erfolge. Die Entwicklung in Bosnien-Herzegowina muss wohl nach wie vor als Tragödie bezeichnet werden, denn das Land wurde nach dem Krieg im Daytoner Friedensvertrag zwar als Einheit definiert, aber gleichzeitig in zwei fast gleich große Teile zerstückelt. Die Konsequenz: Auf der einen Seite leben in der sogenannten Föderation Bosniaken und Kroaten weniger mit- als mehr nebeneinander, auf der anderen Seite wachen die Serben borniert darüber, ihre angemaßte Eigenstaatlichkeit bis ins kleinste Detail zu verteidigen. Der Dayton-Vertrag, so meint der frühere OHR Wolfgang Petritsch, habe 1995 das Kriegsende bewirkt und sei damit ein Rettungsring gewesen, inzwischen habe er sich aber für Bosnien als Zwangsjacke erwiesen. Das Kosovo als jüngster Staat geht ebenfalls in eine unsichere Zukunft, abhängig von (Finanz)Tropf der EU und im Inneren geprägt von Kriminalität. Und da ist schließlich Mazedonien, das seine ethnischen Zwistigkeiten nun offenbar im Griff hat und sich auf dem Weg in die Europäische Union sieht. Das heißt, jedes dieser Länder hat ganz eigene Vorstellungen von der Zukunft, keines denkt auch nur entfernt daran, Jugoslawien wiederzubeleben, und sei es nur in Form einer losen Wirtschaftsgemeinschaft.

Dabei kann es keinen Zweifel geben: Wer von Europa spricht, darf Länder wie Serbien, Bosnien oder Mazedonien nicht ausschließen. Die in diesem Buch beschriebenen Sehenswürdigkeiten sind allesamt Teile der europäischen Kunst und Kultur, auch die Moscheen in Bosnien und Mazedonien. Vielleicht ist dies für manch einen Mitteleuropäer eine neue Sichtweise, ich habe mit vielen Menschen gesprochen, die bestenfalls ansatzweise über die kulturelle Entwicklung des Balkans Bescheid wussten. Die Kriegs- und Krisensituation der 1990er-Jahre hat vielfach den Eindruck hinterlassen, dass »dort hinten, weit in der Türkei« barbarische Stämme sich auch heute noch durch Blutrache gegenseitig auslöschen (wobei, das sei hinzugefügt, die Blutrache in der Tat noch Teil der albanischen Gesellschaft ist). Nur ist dieser fatale Eindruck ganz falsch, und auch die Tatsache, dass albanische Kriminelle die Rotlichtviertel deutscher Städte beherrschen, sollte nicht davon ablenken, dass der Balkan heute eine Region ist, die gefahrlos bereist werden kann, in der Krieg und Krise der Vergangenheit angehören.

Ich habe in dieser Region beides erlebt, Kriegs- und Friedenszeiten, und ich möchte Sie dazu einladen, die Kultur dieser Region im Frieden kennenzulernen. Ich möchte Sie mitnehmen auf eine Erinnerungstour durch fast 20 Jahre Tätigkeit als Korrespondent der ARD, in denen ich vier Kriege erleben und erleiden musste (und zwar nicht, wie Peter Handke verleumdend unterstellt, in den Hotelbars, sondern von Frontlinien und aus Schützengräben). Der Balkan, so hatte Bismarck gemeint, sei nicht den Knochen eines einzigen preußischen Grenadiers wert – dies war natürlich auf Kriegszeiten gemünzt. In Friedenszeiten ist der Balkan jederzeit eine Reise wert, und gerade das ehemalige Jugoslawien bietet dem Besucher, der sich für Kultur interessiert, an allen Ecken und Enden unvergessliches Erleben. Sehen Sie sich die vielen Sehenswürdigkeiten an, die wunderbaren Baudenkmäler eines Gebietes, das Europa in seinen Höhen und Tiefen symbolisiert. Ich erwähne in diesem Buch viele Sehenswürdigkeiten, aber natürlich erhebt diese Liste keineswegs den Anspruch auf Vollständigkeit. Lassen Sie sich also mitnehmen auf diesen virtuellen Spaziergang, und ich bin sicher, Sie werden ihn in der Realität wiederholen wollen.

Slowenien

Land der Alpengipfel und Weinberge

DER FREUNDLICHE ANGESTELLTE AN DER MAUTSTELLE gleich hinter Graz strahlte: »Dobro!« – Ich hatte ihn gefragt, wie er mit dem Euro, der neuen Währung zurechtkomme. »Dobro«, wiederholte er, »gut!«, und streckte ganz begeistert den Daumen nach oben. Der Mann stand damals, im Frühling 2007, für eine weit verbreitete Meinung in Slowenien. Der Euro sollte mit seiner Einführung am 1. Januar 2007 eine Erfolgsstory werden, und in der Tat klappte der Umtausch reibungslos, es gab zunächst auch keine Enttäuschungen. Mit dem Euro, so meinten die Slowenen, wären sie nun vollwertige Europäer. Im Laufe eines Jahres aber kippte die Stimmung: Wie überall erwies sich der Euro auch hier als Teuro, die Preise liefen den Menschen davon, eine Inflation von 5,6 Prozent (die höchste seit fünf Jahren) am Ende des Jahres 2007 ließ die Umfragewerte für die Regierung in den Keller rutschen, denn natürlich wurde sie – und nicht der Euro – für die Inflationswelle verantwortlich gemacht. »Der Euro ist gut«, sagte mir Ernest Petrić, der slowenische Botschafter in Wien, im Januar 2008, »aber die Preise sind schlecht«.

Das konnte der slowenischen EU-Begeisterung keinen Abbruch tun, im Gegenteil. Als erstes der neueren EU-Mitglieder übernahm das Land am 1. Januar 2008 die Präsidentschaft in der Europäischen Union. Ausgerechnet ein ehemaliges »Brudervolk« Jugoslawiens sollte nun die Krise am südlichen Balkan für die EU meistern. Aber vielleicht war dies ja sogar ein glücklicher Zufall, denn in Laibach kennt man seine Belgrader Pappenheimer besser als jeder andere.

Große Aufgabe also für einen der Kleinsten. Denn Slowenien ist, sowohl was die Fläche als auch was die Einwohnerzahl betrifft (zwei Millionen), ein Ministaat. Aufgewogen wird dieser Nachteil durch eine ziemlich einmalige Vielfalt der Landschaft und der Kulturgeschichte. Slowenien liegt am Schnittpunkt germanischer, romanischer und slawischer Welt, und es scheint, als hätten sie alle ihre Spuren in positiver Weise hinterlassen. Der Beitritt zum Euroland war ein weiterer sichtbarer Erfolg. Das Land hatte längst bessere Wirtschaftsdaten vorzuweisen als Altmitglieder wie Portugal oder Griechenland, es hatte problemlos alle Kriterien für die Übernahme der gemeinsamen Währung erfüllt und galt als Musterknabe unter den EU-Neumitgliedern, die im Jahre 2004 der Union beigetreten sind, es hat den Konvergenzprozess im Hinblick auf die Euro-Einführung beispielhaft gemeistert. Mit einer Inflationsrate von 2,5 Prozent stand Slowenien damals im Euroland hervorragend da, und obwohl das Durchschnittseinkommen nur bei rund 750 Euro liegt, scheint kein Mangel zu herrschen – man staunt über die gut gekleideten Menschen, die vielen neuen Pkw, die Geschäfte, in deren Auslagen man Qualitätsprodukte findet wie überall in Mitteleuropa.

Den Eindruck, in Mitteleuropa zu sein, vermitteln nicht nur die Geschäfte. Wer von Norden her nach Slowenien kommt, von Graz oder München, meint angesichts der Landschaft mit den pittoresken Dörfern, den barocken Kirchen und den saftigen Almwiesen, noch immer in Bayern oder Österreich zu sein. Diese gepflegte Region scheint auch heute noch die gediegene k. u. k.-Vergangenheit mit ihren gut ausgebildeten, zumeist hoch motivierten und zugleich karg bezahlten Beamten zu leben, für die die Habsburger Bürokratie berühmt-berüchtigt war. Nicht eben verwunderlich, denn zunächst

Landschaftlich kaum ein Unterschied zu Bayern und Österreich: Barocke Kirchen, blitzsaubere Dörfer

fährt man durch die Untersteiermark, die erst 1918 durch rabiates Militär zu Nordslowenien wurde. Wer sich hier umsieht, erkennt schnell, warum die Menschen sogar nach dem für sie so fatal geendeten Ersten Weltkrieg, also zur Zeit der Gründung des Königreiches der Serben, Kroaten und Slowenen 1918, vom Balkan eigentlich nichts wissen wollten. Das ist übrigens bis heute so geblieben, Slowenen und Kroaten weisen strikt von sich, zum Balkan zu gehören.

Nicht immer war es im Lande zwischen Karawanken und Adria schick, sich seiner Habsburgervergangenheit zu erinnern. Obwohl man 1918 ohne Begeisterung dem neuen südslawischen Staat beitrat, war man doch froh, auf diese Weise nicht zu den Verlierern des Ersten Weltkrieges zu gehören. Seit dem 25. Juni 1991, seit die Slowenen einen eigenen Nationalstaat haben, hat sich die Stimmung geändert, nun kann man wieder freundliche Worte über das vorweggenommene europäische Projekt der Habsburger hören, heute gibt man sich europäisch, und schließlich hat man ja auch schnell und scheinbar problemlos nicht nur den Beitritt zur Europäischen Union bewältigt, sondern auch den zum Europäischen Währungsverbund.

Wie erwähnt, das heutige Nordslowenien ist eigentlich die Untersteiermark, bis Ende des Ersten Weltkrieges hießen Orte wie Kranj, Ptuj und Maribor Krainburg, Pettau und Marburg. Die jahrhundertelange Herrschaft der Habsburger hat Wurzeln geschlagen, hat Mentalitäten geprägt, die bis in unsere Zeit hineinreichen und Früchte tragen. Ich erinnere mich an ein Gespräch, das ich 1991 mit dem damaligen Vizepremier Jugoslawiens, Jože Mencinger, geführt habe. »Sie werden sehen«, sagte er damals voraus, »dass all jene Länder, die zur Habsburger Monarchie gehört haben, aus dem Umbruch (damals zerbrach nicht nur Jugoslawien, auch der scheinbar fest gefügte Ostblock stürzte in sich zusammen, Anm. d. Verf.) besser herauskommen als alle anderen.« Ich war verblüfft, wies darauf hin, dass das Kaiserreich doch seit mehr als 70 Jahren Vergangenheit sei, doch Mencinger meinte, dass in den langen Jahren der Monarchie Mentalitäten geprägt wurden, die lange wirken – wir sehen heute, dass der kluge Mann, inzwischen Rektor der Universität in Ljubljana, mit seiner Prognose Recht behalten hat.

Gleich hinter der Grenze zu Österreich: Maribor, das frühere Marburg. Die zweitgrößte Stadt Sloweniens wurde im 11. Jahrhundert zum Schutz vor den einfallenden Magyaren gegründet, erhielt bereits im Jahr 1254 Stadtrechte und war später Bollwerk gegen die vorrückenden Osmanen. Umgeben von malerischen Weinbergen, am Ufer der Drau (Drava) gelegen, strahlt die Stadt eine solide Ruhe aus. In der Stadtmitte ein Schmuckstück: das restaurierte Rathaus aus dem frühen 16. Jahrhundert. Ein Durchgang führt zur Hofseite, die von Arkaden im Renaissancestil geprägt sind. Vor dem Rathaus steht eine Mariensäule aus dem Jahre 1743, die an die Pest

Das Wahrzeichen der Stadt Maribor ist die 1680 geschaffene Mariensäule.

in den Jahren 1680/81 erinnert – damals raffte die Krankheit etwa ein Fünftel der Einwohnerschaft Maribors hinweg.

Entlang der Drau prägen Türme der Stadtmauer das Stadtbild: Wasserturm, Gerichtsturm und Judenturm symbolisieren die stolze Vergangenheit eines wohlhabenden Bürgertums. Die reich geschmückte Kathedrale, 1189 das erste Mal erwähnt, ist Ausdruck einer Religiosität, der auch die kommunistische Herrschaft nichts anhaben konnte. Außerhalb der Innenstadt staune ich immer wieder über eine wunderbare Bausubstanz, die sich nur zu oft in einem erbärmlichen Zustand zeigt – Folge der jahrzehntelangen Schlamperei unter kommunistischer Misswirtschaft. Und an der Drau dann eine Sehenswürdigkeit, die – zugegeben – nur wenig mit Kultur im herkömmlichen Sinne zu tun hat: An der Hauswand des Gasthofes *Stara trta* (zu deutsch: Alte Weinrebe) findet sich in der Tat ein alter Weinstock, der älteste in Europa nämlich, mehr als 400 Jahre alt, der noch immer köstliche Früchte trägt.

In der Innenstadt stehe ich vor dem Gymnasium, einem Gebäude im Stil der Wiener Sezession, perfekt renoviert. Die Habsburger Monarchie scheint aus jedem Fenster zu winken. Ein paar Schritte weiter, vor dem Gymnasium, fällt mir eine Skulptur auf: Rudolf Majster, lese ich – die Geschichte lässt einen im früheren Jugoslawien nicht los! Am 27. Januar 1919 demonstrierten auf dem Hauptplatz in Marburg an die zehntausend Menschen für den Verbleib ihrer Heimat bei Österreich – der ehemalige k. u. k.-Unteroffizier Rudolf Majster aber, ein fanatischer »Jugoslawist« (wie man damals sagte), ließ in die Menge feuern und richtete ein Blutbad an. 13 Tote und mehr als 60 Verletzte lagen danach auf dem Pflaster, doch das Ziel war erreicht, aus Marburg wurde Maribor. Majster gilt in Slowenien als Held und wird als General gefeiert, nach heutigem Verständnis aber wäre er ein Kandidat für das Kriegsverbrechertribunal in Den Haag.

Rudolf Majster gilt heute in Slowenien als Held. 1919 sorgte er für den Anschluss der Untersteiermark an Slowenien.

Majsters Unerbittlichkeit ist umso bemerkenswerter, als bis zum Ersten Weltkrieg nur eine Minderheit der Slowenen für eine Trennung von Österreich war. »Das primäre politische Ziel der slowenischen Nationalbewegung bis zum Ersten Weltkrieg war die Vereinigung aller slowenischen Gebiete in einem einzigen österreichischen Kronland«, schreibt der Slowenien-Experte Viktor Meier in seinem Buch »Wie Jugoslawien verspielt wurde«. Eine Alternative zur Monarchie sahen bis fast zu deren Ende nicht einmal die ausgesprochenen »Jugoslawisten« unter den Slowenen. Es gab sogar die Vorstellung, eine Vereinigung von Serben, Kroaten und Slowenen könne »unter dem Zepter der habsburgisch-lothringischen Dynastie« ein auf demokratischer Grundlage gebildeter Staatskörper sein.

Nicht weit von Maribor ein slowenisches Juwel: Ptuj, das steirische Pettau, um die Zeitenwende und kurz danach, unter Kaiser Septimus Severus, ein römisches Militärlager mit Tempeln, Thermalbädern und einem Theater, wichtiger

Stützpunkt an der Militärstraße von Pannonien über Dalmatien nach Oberitalien. Hier wurde im Jahre 69 Vespasian aus dem Geschlecht der Flavier zum Kaiser ausgerufen. Bereits unter Trajan erhielt *Ulpia Traiana Poetovio* Stadtrechte und entwickelte sich zu einem wichtigen wirtschaftlichen und administrativen Zentrum an der Drau. Vom Ursprung Ptujs als zunächst keltische Siedlung, die dann von den Römern übernommen und Poetovio genannt wurde, zeugt unter anderem der fast fünf Meter hohe Grabstein des Kaisers Septimus Severus aus dem 2. Jahrhundert, mit der Darstellung des Orpheus, der von wilden Tieren umgeben ist, die seinem Gesang lauschen. Dieses Monument, das unmittelbar vor dem Stadtturm steht, war im Mittelalter als Pranger verwendet worden.

Während der Völkerwanderung teilweise zerstört, war die Stadt ab 874 im Besitz der Salzburger Bischöfe, später ein Handelszentrum im Herzogtum Steiermark. Erst 1918 endete die seit 1573 fast ununterbrochen andauernde Herrschaft der Habsburger über Pettau, das inmitten des größten Weinanbaugebietes der Slowenen liegt. Die Stadt selbst ist ein Schmuckstück, entlang der Straßen sehe ich nur perfekt restaurierte Häuser, sauber und pittoresk vermitteln sie den Eindruck eines Bürgertums, das von ganz unbalkanischer Ordnungsliebe geprägt ist. Diese alten Häuser stammen sichtbar aus einer Zeit, als hier die Habsburger das Bild der Siedlungen bestimmten. Man hat den Eindruck, dieses Erbe wird von den heutigen Besitzern weitergetragen.

Ganz anders die Situation beim Schloss, das eigentlich allein schon eine Reise wert ist. Perfekt restauriert, aus dem frühen 14. Jahrhundert stammend, damals eine Schutzfeste gegen die einfallenden Magyaren, müsste dieses Bauwerk hoch über der Stadt, von Weitem bereits als Wahrzeichen erkennbar, eigentlich der ganze Stolz von Ptuj sein. Doch seltsam, in der ganzen Stadt sucht der Besucher einen Hinweis auf den Weg zum Schloss vergebens, lediglich an einem schmalen Durchgang finde ich schließlich ein etwa briefbogengroßes Schildchen. Es ist, als würde sich Ptuj der Tatsache schämen, dass das Schloss enteignet wurde, dass das EU-Land Slowenien in Sachen Restitution noch immer eine sehr uneuropäische Haltung einnimmt – hier wie anderswo.

In der zweiten Hälfte des 16. Jahrhunderts wurde das Schloss umgebaut und um 1680 barockisiert. Beherrscht wird der prachtvolle Arkadenhof freilich noch immer von den aus der Renaissance stammenden dreigeschossigen Arkadengängen. Ich stehe voller Bewunderung in diesem Schlosshof, die Gedanken weit weg: In der »guten alten Zeit« (die in Wirklichkeit so gut gar nicht war, zumindest nicht für den einfachen Bürger) mag es ein Vergnügen gewesen sein, auf diesem noblen Anwesen zu wohnen. Touristen reißen mich aus meinen Träumen: Das Bauwerk dient heute als Regionalmuseum.

Ein paar Kilometer südlich von Ptuj lohnen zwei Marien-Wallfahrtskirchen einen Besuch: *Slatka Gora* ist ein Paradebeispiel slowenischer Barockbaukunst, die schlanke Baumasse klar gegliedert, zwei elegante Zwiebeltürme beherrschen inmitten grüner Hügel die Landschaft, als ob die Natur selbst dieses faszinierende Bauwerk dort hingestellt hätte. Damit nicht genug: ganz in der Nähe erhebt sich die Wallfahrtskirche *Ptujska Gora*, erbaut 1398 bis 1410. Maria Neustift gehört zu den großen Kunstwerken im Lande, im Zentrum der Kirche ziert den Hauptaltar die aus dem 15. Jahrhundert stammende Darstellung der Schutzmantel-Madonna. Am Bau dieser Kirche haben die berühmtesten Architekten und Steinmetze ihrer Zeit gearbeitet.

Weiter nach Ljubljana, früher Laibach, in die Hauptstadt des EU-Mitglieds Slowenien, vorbei an Celje, der Handelsmetropole illyrisch-keltischen Ursprungs an der Bernsteinstraße in Noricum. Hier finden sich heute Reste eines Herkulestempels, Grabstätten und frühchristliche Gebetsstätten. In unmittelbarer Nähe, in Šempeter, hat man eine römische Begräbnisstätte aus dem 1. bis 3. Jahrhundert nach Christus entdeckt. Passend zur aktuellen Politik: Auf einem der Grabsteine ist eine Europa auf dem Stier verewigt.

Ljubljana, die Stadt am Fluss, auf dem die Argonauten der Mythologie nach das Goldene Vlies transportierten (dazu gleich noch mehr), mit ihren Häuserfassaden aus der Renaissance- und der Barockzeit, aber auch des Jugendstils, gilt als urbanes Gesamtkunstwerk, überschaubar, fast familiär, eine Kleinstadt eben. 600 Jahre war Laibach die Stadt der Künste und Wissenschaften im Habsburger Reich. Wie Celje mit illyrischen Wurzeln, im ersten Jahrhundert von den Römern

Ljubljana vergleicht sich aufgrund seiner Renaissance- und Barockensembles gern mit Salzburg: klein, aber fein.

als *Emona* besiedelt, wurde die damals blühende Handelsmetropole während der Völkerwanderung zerstört. Vor rund 1000 Jahren kamen dann die Slowenen, ein slawischer Stamm, der die Lage als strategisch wichtigen Verkehrsknotenpunkt nutzte. Bereits Mitte des 12. Jahrhunderts fiel Leybach aber schon in den Besitz der Kärntner Herzöge und wurde 1335 Hauptstadt des Herzogtums Krain. Über die Jahrhunderte war dann eine seltsame Zweiteilung zu beobachten: die Slowenen waren das »gemeine Volk« (aber als solches durchaus geachtet), das tonangebende Bürgertum aber setzte sich aus aller Herren Länder zusammen. Der Chronist Valvasor zählt im 17. Jahrhundert allein in Laibach zwanzig bürgerliche Familien »unterschiedener Nationen«, darunter Schwaben, Bayern, Franzosen, Sachsen, Pommern, Böhmen, Schlesier, Dänen, Preußen, Holländer, Engländer usw., »ohn die benachbarten Tyroler, Steyrer, Kärndter, Österreicher und andre«, denn die zählten ja sozusagen zur Familie. Im Revolutionsjahr 1848 wurde Laibach als Zentrum der nationalen Wiedergeburt zum Kampfplatz gegen Österreich, nach dem Ersten Weltkrieg war es als Ljubljana Hauptstadt des nördlichsten Landesteils im neuen Königreich der Serben, Kroaten und Slowenen (SHS). Wohlgefühlt haben sich die Slowenen in diesem Staat, der sich dann ab 1929 Jugoslawien nannte, eigentlich nie, zu autoritär war die Herrschaft, die von der Hauptstadt Belgrad ausging und dem leidenschaftlichen Nationalismus der Slowenen zu wenig Raum ließ.

Eines der Wahrzeichen Ljubljanas in der Stadtmitte, dem Prešerenplatz, ist eine dreiarmige Brücke über die Ljubljanica, im ersten Teil 1842 von einem italienischen Architekten entworfen, 1929 von dem slowenischen Baumeister Jože Plečnik (einem Schüler des Wiener Jugendstil-Baumeisters Otto Wagner) erweitert, um Fußgängern ein gefahrloses Überqueren des Flusses zu ermöglichen. Gegenüber der Brücke die Franziskanerkirche, 1646 bis 1660 im Stile des italienischen

Der Drache im Stadtwappen erinnert an die Argonauten, die der Legende nach auf der Ljubljanica das Goldene Vlies transportierten.

Barocks erbaut, die mit ihrer überwältigenden, frühbarocken Fassade den ganzen Platz beherrscht. Vor der Brücke, als sollte er der Wächter über Brücke und Hauptplatz sein, das eindrucksvolle Denkmal von France Prešeren, dem Nationaldichter der Slowenen. Und wer sich an Kunst berauschen will, findet im Universitätsviertel reiche Beute. Eine so dichte Konzentration von Galerien, nur wenige Schritte voneinander entfernt, sucht man woanders vergebens.

Ganz in der Nähe der Galerie der Moderne und der Nationalgalerie liegt das Nationalmuseum, das unter anderem ganz Erstaunliches zu bieten hat: Artefakte aus der Ljubljanica, dem Fluss, der die Mythologie beflügelt hat. 9000 Jahre haben Menschen dem als heilig verehrten Gewässer kostbare Gaben geopfert, seit fast 30 Jahren versuchen nun Archäologen, der Ljubljanica ihr Geheimnis zu entreißen. Speerspitzen, Schwerter, Gürtelschnallen – bis zu 30 000 Objekte aus allen Epochen sind auf dem Grunde des Flüsschens südwestlich der Hauptstadt gefunden worden, meist in erstaunlich gutem Zustand. Sanftes Wasser und weiches Sedimentgestein haben dafür gesorgt, dass die Archäologen in diesen Fundstücken »lesen« können wie in einem Buch, sie sind sich sicher, dass diese Artefakte zumeist Opfergaben waren und der Fluss auf die Menschen zu allen Zeiten einen bestimmten Zauber ausgeübt hat.

Nur ein paar Schritte weiter, vorbei am barocken Dom, in dem der Jesuitenpater Pozzo als Architekt antikes römisches Gestein verbauen ließ, führt der Weg hin zu einem anderen Wahrzeichen der Stadt, der Drachenbrücke aus dem Jahre 1901. Der Drache, das Wappentier der Stadt, findet sich hier gleich in vierfacher Ausführung. Mannshoch und mit elegantem Schwung sind diese Drachen auch heute noch viel bestaunte Beispiele für den Wiener Sezessionsstil in der Hauptstadt des österreichischen Kronlandes Krain.

Hoch über der Stadt, wie eine Krone über den Dächern gelegen, die Burg, deren verwinkelte Zufahrt zu finden, mir immer wieder Probleme bereitet. Bereits 1220 als Sitz eines Landeshauptmannes erstmals erwähnt, 1511 durch ein Erdbeben weitgehend zerstört, stammt diese Burganlage in ihrer heutigen Gestalt aus dem 16. Jahrhundert. Seit einigen Jahren wird die Burg nun wiederum restauriert, von ihrem Uhrenturm (aus dem Jahre 1848) hat man einen herrlichen Blick über Ljubljana hinweg bis zu den Karawanken und den julischen Alpengipfeln.

Am Stadtrand noch ein kleiner Ausflug in die römische Geschichte: die Veteranensiedlung Emona, die im Jahre 15 n. Chr. gegründet wurde und dann schnell zu wirtschaftlicher Blüte gelangte. In den Wirren der Völkerwanderung ging Emona unter, wurde letztmalig im Jahre 408 erwähnt. Heute findet der Besucher nur noch beachtliche Reste der römischen Stadtmauer. Und Hotels, Firmen und Kaffeehäuser nutzen den historischen Nimbus des Namens Emona für Werbezwecke – ob die Kunden etwas damit anzufangen wissen, sei dahingestellt.

Am Hauptplatz, in einem Straßencafé sitzend, vor mir die dreiarmige Brücke, lasse ich angesichts der barocken Pracht um mich herum die Gedanken zurückschweifen in jene Tage im Juni 1991, als Slowenien seine Unabhängigkeit ausrief und eine »amoklaufende Armee« – so der damalige deutsche Außenminister Genscher – das kleine Land mit Krieg und Zerstörung überzog. Der Krieg dauerte nur zehn Tage, dann zog sich eine gedemütigte Jugoslawische Volksarmee (JVA) in die Kasernen zurück. Für dieses – aus jugoslawisch-serbischer Sicht – Desaster mag es eine Reihe von Gründen geben. Aber ich bin auch heute noch davon überzeugt, dass der serbische Diktator Milošević, hätte er damals bereits die Erfahrung der Zerstörung von Vukovar gemacht (das heißt, wenn er um die erbärmliche Ignoranz der westlichen »Wertegemeinschaft« gewusst hätte), er hätte Ljubljana dem Erdboden gleichgemacht. Milošević, damals de facto Herr über Jugoslawien und seine Armee, hatte die Stadt wohl nur deshalb geschont, weil er die militärische Reaktion des Westens befürchtete. Mit der Zurückhaltung aber war es, als der Westen tatenlos die Zerstörung von Vukovar hinnahm, endgültig vorbei, weshalb er seine Kriegsmaschinerie dann auch gegen Bosnien laufen lassen konnte.

Ich habe zu dieser Zeit die Dinge vor Ort verfolgt, war mit slowenischen Soldaten im Straßengraben gelegen, als die Tiefflieger der JVA aus allen Rohren feuerten. Und ich staune heute gelegentlich über die Ignoranz selbsternannter Balkan-Experten, die behaupten, Genscher und der damalige österreichische Außenminister Alois Mock seien Schuld am Zerfall Jugoslawiens. Ich erinnere mich daran, dass der serbische Diktator Milošević im Spätherbst 1989 seine Demonstrationsgarden nach Slowenien in Marsch setzen wollte, um die reformfreudige Regierung in Ljubljana aus dem Amt zu putschen (wie vorher schon die Führungen von Montenegro, der Vojvodina und des Kosovo). Für den 1. Dezember hatten die serbischen Extremisten eine »Kundgebung der Wahrheit« geplant, eine »Joghurt-Revolution« (so genannt, weil man den politischen Gegner mit Joghurt-Bechern zu bewerfen pflegte). Die Slowenen aber machten die Grenzen dicht, worauf die Serben wutentbrannt die politischen, wirtschaftlichen und kulturellen Beziehungen zu Slowenien abbrachen und Strafzölle auf slowenische Waren einführten – wohlgemerkt, im gemeinsamen Staat Jugoslawien.

Zu diesem Zeitpunkt hielten die Europäer, auch Genscher und Mock, noch an dem Gesamtstaat Jugoslawien fest, obwohl damals bereits klar zu erkennen war, dass dieser Staat nicht mehr zu retten war. Die These, dass Jugoslawien aus strategischen Gründen von außen zerstört worden sei, hat mit der Realität wenig, mit Ignoranz dafür um so mehr zu tun.

Und es war etwa ein Jahr später, dass Slowenien geheim eigenes Geld druckte, um am Tage der Souveränität von Belgrad unabhängig zu sein und nicht mit buchstäblich leeren Händen dazustehen. Zu diesem Zeitpunkt hatte sich die politische Lage in Slowenien längst grundsätzlich verändert, war man hier zu der Einsicht gekommen, dass mit dem Kommunismus der Tito-Milošević-Zeit Schluss sein müsse. Während die Betonköpfe in Belgrad das Rad der Geschichte zurückzudrehen versuchten und alle Wünsche nach einem Mehrparteiensystem abblockten, war Ljubljana bereits auf dem Weg in die Zukunft: Am 14. Januar 1990, beim letzten Parteitag der jugoslawischen Kommunisten, als die Serben (zusammen mit den Kroaten, die dies heute gar nicht mehr hören wollen) die Anträge der Slowenen reihenweise niederstimmten, verließen diese kurz nach Mitternacht das Belgrader *Sava-Center* und versetzten der kommunistischen Partei damit den Todesstoß. »Es gibt keine Demokratie ohne politischen Pluralismus«, sagte mir bei dieser Gelegenheit der spätere Präsident Sloweniens, Milan Kučan.

Auch der irrationale Versuch der EG, zusammenzuhalten, was sich längst auseinanderentwickelt hatte, zeitigte fatale

Folgen: Im Frühjahr 1991 boten die Europäer der Regierung in Belgrad einen Milliardenkredit für den Fall, dass der gemeinsame Staat Jugoslawien gesichert würde. Die Zeitung »Borba«, damals Sprachrohr des letzten Ministerpräsidenten Ante Marković, zog daraus den einzig logischen Schluss: Wenn sonst niemand das für Jugoslawien so wichtige Geld sichern könne, dann müsste es eben die Armee tun. Kurze Zeit später marschierte eben diese Armee, von Marković in Bewegung gesetzt – und die Europäer dürfen sagen, sie haben zum Entstehen des Krieges beigetragen.

Alles in allem: Jugoslawien war längst zerbrochen, als Mock und Genscher im Sommer 1991 – wohlgemerkt nach dem Überfall der Jugoslawischen Volksarmee – die Konsequenzen aus der gescheiterten Politik der Europäer und der USA zogen.

Das ändert freilich nichts daran, dass der Mensch nicht von Demokratie, sprich: von Ideologie alleine lebt. Kenner der slowenischen Wirtschaft wiesen in jenen Tagen besorgt darauf hin, dass »der teure Traum von der Autonomie« (so Jens Reuter vom Münchner Südosteuropa-Institut) ein böses Erwachen bedeuten könne.

Reuter stellte damals insbesondere die Verflechtung Sloweniens mit den westlichen Märkten infrage und meinte: »Außenhandelszahlen beantworten noch längst nicht die Frage, wie wichtig der jugoslawische Markt für Slowenien ist. Dieser Markt könnte ja ganz oder teilweise verloren gehen, wenn sich Slowenien endgültig zum unabhängigen Staat konstituiert.«

So kam es denn auch, aber die Slowenen ließen sich dadurch nicht beirren, die Regierung heizte die nationale Stimmung an und hoffte, die Begeisterung würde sich in politisches Kapital umwechseln lassen. Entstanden ist dabei nur Kleingeld. »Die Probleme sind heute kleiner, banaler, aber es gibt unendliche viele«, sagte mir im Herbst 1991 Jože Pučnik von den oppositionellen Sozialdemokraten. »Das Wichtigste aber ist: Wir müssen sehr viel aufräumen, nicht nur draußen, in der Infrastruktur, sondern auch in den Köpfen. Wir müssen, im übertragenen Sinne, Steine klopfen wie die Berliner Frauen nach dem Zweiten Weltkrieg.«

Wie erwähnt, nach zehn Tagen war der Krieg vorbei, man verhandelte, die Stimmung in Europa drehte sich langsam, aber immerhin, ein gewisser Realismus zog ein. Die Belgrader Zentralregierung willigte schließlich ein, die Armee abzuziehen. Ich erinnere mich noch an den 26. Oktober 1991, als ich im Hafengelände von Koper den Abzug der letzten Soldaten der JVA beobachtete. Ein Abkommen des inzwischen souveränen Sloweniens mit der jugoslawischen Bundesregierung sah vor, dass die Soldaten ihre Gewehre, nicht aber Munition und schwere Waffen mitnehmen dürften. Die slowenischen Offiziere unterzogen die JVA-Soldaten einer genauen, in Wirklichkeit schikanösen Körperkontrolle, fanden natürlich Munition und ließen mich daraufhin mit meinem Kameramann dicht vor den Soldaten filmen. Mit ohnmächtiger Wut mussten sich die zumeist serbischen Soldaten das gefallen lassen, sie wurden von den Slowenen geradezu vorgeführt. Als ich erfuhr, dass diese Soldaten nach Bosnien verlegt würden, war mir klar: Diese Erniedrigung würde bei der nächsten Gelegenheit in hemmungslosem Hass umschlagen – nur ein gutes halbes Jahr später war es ja dann auch so weit (siehe Bosnien).

Nur eine halbe Stunde fahre ich von Ljubljana nach Nordwesten, um Škofja Loka, eine reizende Stadt mit gotischen und barocken Häuserfassaden, zu erreichen. Im Mittelalter ein Besitz der Freisinger Bischöfe, fiel sie erst 1803 an Österreich. In der Innenstadt von Bischofslack ist die spätgotische Jakobskirche aus dem 13. Jahrhundert zu bestaunen, jenseits des Flusses Selška Sora thront die Burg *Loški grad*, die im 13. Jahrhundert erstmals erwähnt wurde und heute das städtische Museum beherbergt, das sich insbesondere der Geschichte und dem Handwerk der Region widmet.

Das Postkartenmotiv schlechthin: Ein tiefgrüner, obendrein warmer und sauberer See vor alpinem Panorama: der Bleder See. Bereits der größte slowenische Dichter France Prešeren – Sie erinnern sich, lieber Leser, der auf dem Hauptplatz in Lubljana! – schwärmte von diesem malerischen Plätzchen, es sei ein »paradiesisches Gefilde«.

Mitten im See eine kleine Insel mit einem barocken Kirchlein, St. Maria, aus dem Jahre 1650. Eine alte Legende berichtet uns, dass sich bereits in heidnischer Zeit hier ein Heiligtum der Göttin Živa (das heißt, der altslawischen

Bled, ein »paradiesisches Gefilde«, so der Dichter Prešeren

Aphrodite) befand. Deren letzter Priester Staroslav und seine Tochter Bogomila ließen sich während der Kriege zwischen Christen und Heiden taufen und begründeten denn ein Gotteshaus der Jungfrau Maria. Bogomilas Geliebter, der slowenische Fürst Črtomir, wurde gar als Missionar in Slowenien eingesetzt.

Eine rührende Geschichte umgibt auch den Kirchturm von St. Maria und die darin aufgehängte »Wunschglocke«. Die Legende erzählt von der schönen Witwe Polixena, deren Mann von Räubern ermordet worden war und die zu seinen Ehren eine Glocke gießen ließ. Das Boot aber kenterte, als es diese Glocke auf die Insel bringen sollte, worauf die junge Witwe in Rom in ein Kloster eintrat. Der Papst sorgte dann für eine neue Glocke auf der Insel – und wer sie Maria zu Ehren läutet, dem geht ein Wunsch in Erfüllung.

Zurück zur Wirklichkeit! An einem Ufer des Sees einhundert Meter steil aufragendes Felsenmassiv, gekrönt von einer malerisch gelegenen mittelalterlichen Burg. Sie wurde im Jahre 1011 erstmals erwähnt und stammt in ihrer heutigen Gestalt, mit Wehrgängen, Rundtürmen, Burgkapelle und Wohngebäuden aus dem 16. Jahrhundert. Bis ins 19. Jahrhundert war diese Burg im Besitz der Bischöfe von Brixen. In diesem wunderbaren Ambiente ist man geneigt zu glauben, was mir Slowenen im Überschwang freundlicher Gefühle gesagt haben: Sie leben in einem Lande, in dem Lachen Sprache ist. Im Hotel mit dem bezeichnenden Namen *Krim* überfallen einen dann nostalgische Gefühle: Schon die Rezeption ohrfeigt den Gast mit jenem schmutzig-dunklen Braunton, der im alten Jugoslawien der 1970er-Jahre die bestimmende Farbe der Hotels war. In den Zimmern das Gleiche, Türen, Schränke, Fensterrahmen, alles braun. Und beim Frühstück sitzt man in einer dieser Hallen, die Bahnhöfe so ungeheuer gemütlich machen. Dies alles ist freilich kein Wunder, das Hotel gehört noch immer zur Hälfte dem Staat.

Bled feierte im Jahr 2004 sein 1000-jähriges Jubiläum: 1004 wurde es vom deutschen Kaiser Heinrich II. dem Bistum Brixen geschenkt und blieb bis 1918, mit zwei kurzen Unterbrechungen, Eigentum der Bischöfe von Brixen. Die Stadt ist auch Ausgangspunkt für Touren durch den *Triglav-Nationalpark* in den Julischen Alpen.

Slowenien zeigt sich als Land der Gegensätze. Im Norden die Karawanken und der Nationalpark um den Triglav, die höchste Erhebung des Landes, der zugleich auch das Emblem im Wappen Sloweniens ist. Die drei Spitzen symbolisieren die drei Häupter eines heidnischen Gottes, der über den Himmel, die Erde und die Unterwelt wacht. Im Südwesten die Adriaküste, eine Reihe reizender Städtchen mit venezianischer und österreichischer Vergangenheit – geradezu symbolhaft für ein Slowenien, das heute als ein mitteleuropäischer Staat keine Vergleiche mit anderen europäischen Staaten zu scheuen braucht.

Und damit sind wir im beschaulichen Piran, venezianisch-malerisch auf einer weit ins Meer hinausragenden Halbinsel gelegen. Die Stadt, im 10. Jahrhundert kurzfristig zum Herzogtum Bayern gehörend, präsentiert sich in unseren Tagen charmant und weltoffen, fast italienisch, der Besucher spürt den Einfluss des nahen Triest. Gut fünf Jahrhunderte (von 1283 bis 1797) bestimmte Venedig das Leben hier, ehe die Habsburger die Herrschaft übernahmen. Aber die Geschichte Pirans wartet mit einer weiteren Besonderheit auf: Nach dem Grenzvertrag von Rapallo im Jahre 1920 wurde die Stadt Italien zugesprochen, erst nach dem Zweiten Weltkrieg kam es dann zu Jugoslawien.

Die verwinkelten Altstadtgassen führen hinauf zur St.-Georgs-Kirche (1600 bis 1637 erbaut), die am höchsten Punkt der Stadt auf einem steil abfallenden Klippenvorsprung liegt. Der 1608 erbaute freistehende Glockenturm ist dem Kampanile von St. Marco in Venedig nachempfunden, gilt als das

Das Schloss in Ptuj mit seinen Renaissance-Arkaden ist heute Regionalmuseum.

Wahrzeichen von Piran und beherrscht die Silhouette der Stadt. Weiter unten trifft der Besucher auf den ovalen Hauptplatz, dem *Tartinijer trg*, das einstige Hafengelände. Der Platz ist benannt nach Giuseppe Tartini, dem wohl berühmtesten italienischen Violinisten, der hier 1692 geboren wurde. Auffälligstes Gebäude ist der venezianische Palast, 1420 in venezianischer Gotik von einem Kaufmann für seine Geliebte errichtet. Der rote Palazzo mit Spitzbogenfenstern und reizvollen Balkonen zählt zu den am besten erhaltenen Profanbauten in Slowenien. Auf einem Wappen zwischen den Fenstern unterm Dach hat der Kaufmann, über den damals sicherlich nicht wenig getuschelt worden ist (man sieht, die Menschen ändern sich nicht), sein Lebensmotto anbringen lassen: »Sollen die Leute doch reden!« Wer sich auf dem Tartini-Platz umsieht versteht, dass diese Stadt zur Gänze eine Fußgängerzone ist und unter Denkmalschutz steht.

Piran ist freilich nur eine jener reizenden kleinen Städte, in denen die engen Gassen dem Besucher wie in einer geheimnisvollen Sprache jahrhundertealte Geschichten erzählen – man muss nur zuhören wollen. Denn entlang dieser Küste (und gleiches gilt auch für die Städte weiter südlich in Kroatien) haben die Siedlungen der Menschen im Laufe der Jahrhunderte europäische Schicksale durchlebt, durchlitten, sie waren aufgrund ihrer exponierten Lage, wirtschaftlich wie strategisch, Zielpunkte verschiedenster Begehrlichkeiten, aber damit eben immer auch ihrer Zeit voraus.

Weniger aus kulturellem denn aus politischem Interesse fahre ich im Sommer 2007 nach Nova Gorica. Denn die Kleinstadt gegenüber von Triest ist ein Unikum, 1948 entstanden, weil durch den »Frieden von Paris« die Stadt Gorizia, die historische k. u. k.-Stadt Görz, an Italien fiel und nur ein Vorstadtteil und der Bahnhof Jugoslawien zuerkannt wurden. Der wurde mit einem roten Stern »geschmückt« und einem Spruchband: »Wir bauen den Sozialismus auf!« Noch 1953 standen sich hier, wo Mauer und Stacheldraht an Berlin erinnerten, jugoslawische und italienische Panzer wie giftsprühende Schlangen feindlich gegenüber. Doch das ist längst vorbei, die Schienen rosten vor sich hin, nur selten noch senkt sich die Schranke, kaum jemand will an dieser Stelle hinüber nach Italien.

Nova Gorica, so habe ich gelesen, habe sich seit der Unabhängigkeit zum Verwaltungs-, Kultur- und Wirtschaftszentrum Westsloweniens entwickelt. Was der Besucher zu sehen bekommt, ist jedoch mit dem Wort trostlos eher freundlich umschrieben. Ein Stadtzentrum sucht man in dem auf dem Reißbrett entstandenen Ort vergebens, die hässlichen Wohnkasernen erinnern an Plattenbauten in Ost-Berlin, eine winzige Fußgängerzone hat den Charme einer Brache. Nur an zwei Orten pulsiert das Leben: In einem überdimensionalen Spielkasino und einem anderen, etwas kleineren, das auch ein wenig schäbig aussieht. Das slowenische Las Vegas, das immerhin 2000 Menschen vor der Arbeitslosigkeit bewahrt, lockt sogar jetzt (es ist Mittagszeit) die Opfer, die zur überwiegenden Mehrzahl aus Italien kommen. »Bei uns gibt es nur drei staatliche Casinos«, sagt mir ein Italiener, wobei er offen lässt, wo die zu finden sind, »aber die hier sind viel besser.«

Ich begebe mich in die Spielhölle – und erstarre: Männer in kurzen Hosen, in Badelatschen, in T-Shirts, hier ist offenbar jeder willkommen, der sein Geld verlieren will. Hunderte von »einarmigen Banditen« (die heutzutage anstelle des Armes einen Knopf haben) sind in Betrieb, ganz eifrige Spieler sitzen so, dass sie zwei auf einmal bedienen können. An einigen Tischen wird Poker, an anderen Blackjack gespielt, an vier Roulettetischen stieren die Zocker auf die gewinnbringende Kugel, an einem weiteren hat die Automatik den Croupier ersetzt. Das Budget der Stadt Nova Gorica speist sich ganz wesentlich aus diesem Spielerparadies. Ganz nebenbei: mit der Eintrittskarte bekommt der Spieler auch ein Zettelchen, das dem »sehr geehrten Gast« viel Spaß wünscht, ihn jedoch auch warnt: »Sie müssen jedoch wissen, dass das unkontrollierte Spielen zur Abhängigkeit führt.« Ich bin sicher, die Zocker werden sich das gewaltig zu Herzen nehmen …

Keiner dieser Spieler kümmert sich um eine Sehenswürdigkeit, die die Stadt wirklich zu einem Reiseziel macht: Auf der Grenze zwischen Slowenien und Italien, auf dem Berg Kostanjevca, erheben sich die Mariä-Verkündigungs-Kirche und ein Franziskanerkloster aus dem 17. Jahrhundert, der größte Arkadenhof Sloweniens und einer der größten in Mitteleuropa im prachtvollen Renaissancestil. Die letzten Angehörigen der französischen Königsfamilie der Bourbonen sind hier in einer Grabkammer unter der Kirche beigesetzt.

Aber eigentlich will ich ja gar nicht nach Italien, mein Ziel ist Lipica (deutsch: die Linde), die Heimat jener schneeweißen Pferde, die die »Spanische Hofreitschule« in Wien als ihre ureigenste Domäne betrachtet. Hier, inmitten einer grünen Oase im braun-grauen Karstland unter dem blauen mediterranen Himmel sind die 350 Lipizzaner, die als schwarze Fohlen zur Welt kommen, zu Hause, werden Jahr für Jahr von mehr als 100 000 Menschen bestaunt (vor dem Zerfall Jugoslawiens waren es 200 000). Aus der Pferdezucht hat sich eine touristische Attraktion entwickelt, die einen Golfplatz und Hotels anbietet und sogar ein Spielkasino – in dem ich eine ähnliche Atmosphäre vorfinde wie in Nova Gorica (nur die Badeschlappen fehlen). Im Hotel wird der Gast zurückversetzt in die »gute alte Zeit«: ein mürrischer Ober betrachtet den Gast als Störenfried, nimmt mit mürrischem Gesicht die Bestellung auf, knallt dann den bestellten Salat wortlos auf den Tisch, die Bitte um die Rechnung muss dreimal gestellt werden. »Das Gestüt ist seit 1996 slowenisches Kulturerbe«, sagt mir eine reizende Angestellte, »es ist natürlich staatlich.« Ja, denke ich mir, das Hotel leider auch!

In Westeuropa bekannt sind die Lipizzaner zwar durch die Wiener Hofreitschule, aber eigentlich sind es stolze Spanier, die schon Mitte des 16. Jahrhunderts von den Habsburgern für den Wiener Hof gekauft wurden. Diese feurigen Pferde galten damals als »die klügsten, herzhaftesten und allergelehrigsten« ihrer Art. 1580 gründete Erzherzog Karl in Lipica, nördlich von Triest, das Karster Hofgestüt, der Name des Dörfchens gab den Pferden ihren Namen, und im Laufe der Jahrhunderte wurden aus den in Kavalleriekriegen kampferprobten Lipizzanern zivile Ballettkünstler, die freilich so viel Geld kosteten, dass Maria Theresias Sohn Joseph II. das ganze Unternehmen fast beendet hätte. Heute bringen diese Pferde dem Staat eine Menge Geld, denn die Besucher aus aller Welt können sich an den eleganten Pferden und ihren ästhetischen Darbietungen gar nicht satt sehen.

Auf der Fahrt zurück halte ich noch kurz in Postojna, bei der Adelsberger Grotte. Das Höhlengebiet hier wird angeblich seit 800 Jahren besucht, es gehört zu den wichtigsten Sehenswürdigkeiten in Slowenien. Schon das Treiben am

Lipica, die Heimat der weißen Pferde

Parkplatz verrät: Hier ist die Hölle los. In der Tat, am Höhleneingang bilden sich lange Schlangen, Touristen aus vielen Ländern wollen – trotz hoher Preise, Erwachsene zahlen 18 Euro – diese »Ausstellung der Mutter Natur« (so Henry Moore) sehen. Von den rund 20 Kilometern Stollenwegen sind 5,2 für Besucher erschlossen, 3,5 Kilometer können aus einer elektrischen Bahn besichtigt werden. Den Besuchern werden Begriffe wie Stalagmiten und Stalagtiten um die Ohren geworfen und ich bin sicher, bereits am Ausgang der Höhle haben sie diese vergessen.

Mein Spaziergang durch die Kultur Sloweniens endet mit einem Kapitel, das mich als Deutschen traurig stimmt: ein Besuch in Gottschee (Kočevje). Die kleine Gruppe der Deutschsprachigen, von offizieller Seite in Slowenien bestenfalls ignoriert, teilweise auch unterdrückt, hat es schwer, sich zu bekennen. Offiziell gibt es noch 680 Deutsche in Slowenien, der Grazer Historiker Stefan Karner hat 1998 jedoch 1813 »plus einer derzeit nicht näher quantifizierbaren Zahl von noch nicht deklarierten Personen« ermittelt. Dies hat schließlich dazu geführt, dass die slowenische Regierung gegenüber Österreich in einem völkerrechtlich verbindlichen Abkommen die Existenz einer »deutschsprachigen Volksgruppe in Slowenien« anerkannt hat.

Wer sich fragt, wie diese Minderheit ins slowenische Hinterland kommt, muss weit zurückblättern im Geschichtsbuch Europas. Nach 1330 wurden hier Menschen, zumeist Bauern aus Salzburg, Kärnten und Tirol angesiedelt, sie lebten in dieser unwirtlichen Umgebung in sehr einfachen Verhältnissen, bewahrten aber – vielleicht gerade deshalb – ihren oberdeutschen Dialekt mehr als sechs Jahrhunderte lang. Diese Deutschstämmigen sind frei von politischer Betätigung, sie unterhalten Chöre und Theatergruppen, geben Liederbücher heraus und bieten Deutschkurse, beteiligen sich an der Restaurierung von Kirchen und Kapellen. Der Hass auf alles Deutsche während und nach dem Zweiten Weltkrieg führte dazu, dass sie vertrieben oder interniert wurden, andere zogen es vor zu fliehen. Dass von den einst 123 Kirchen der Gottscheer heute nur noch 28 stehen, beschreibt die Situation dieser Minderheit eindrucksvoll.

Wie schwer es diese Volksgruppe im Alltag hat, verdeutlicht ein Beispiel: Als in der kleinen Gottscheer Gemeinde Občice (Krapflern) ein Vereinshaus eingeweiht werden sollte und sich dazu Gäste der deutschen Botschaft und des Goethe-Institutes in Zagreb angesagt hatten, zogen die Bürger, wie an einem Feiertag üblich, eine deutsche und eine slowenische Flagge auf. Der Bürgermeister der zuständigen Gemeinde Dolenjske Toplice schickte sofort die Polizei, damit die deutsche Fahne wieder abgenommen werde. Denn: es handle sich hier um einen Verstoß gegen die öffentliche Ordnung. Derartiges, so der famose Bürgermeister, habe negativen Einfluss auf die Gefühle der hier lebenden Bürger, und deshalb sei dieser Gesetzesverstoß zu verurteilen: »Wie würde man denn mitten in

Deutschland auf eine öffentlich aufgehängte slowenische Fahne reagieren?«, fragte der großartige Mann, der offenbar nicht in Europa lebt. Ich kann es ihm sagen: Man würde es mit Sympathie als ein Zeichen von Freunden ansehen.

Außenminister Rupel, den ich kurze Zeit später, im Jahre 2002 im Rahmen einer Podiumsdiskussion, auf diesen Vorfall anspreche, gibt sich betroffen, ja, der Bürgermeister sei sogar ein Mann seiner Partei, er habe dafür gesorgt, dass solches nicht wieder vorkomme. Und der ehemalige Staatspräsident Janez Drnovšek hat die Gottscheer zwei Jahre später demonstrativ besucht, hat dabei darauf verwiesen, dass das Mehrheitsvolk großzügig gegenüber den Minderheiten sein müsse und angemahnt, es sei höchste Zeit, die durch den Zweiten Weltkrieg bedingten Vorurteile gegenüber den Deutschen auszuräumen. Der Bürgermeister von Dolenjske Toplice wird dies wohl nicht so gerne gehört haben.

Im Jahre 2002 ist für Slowenien eine Ära zu Ende gegangen. Nach zwei Amtsperioden durfte Staatspräsident Milan Kučan nicht mehr kandidieren, und damit endete ein bedeutsamer Teil der jugoslawischen Nachkriegsgeschichte. Denn Milan Kučan hatte Slowenien sowohl im alten Jugoslawien repräsentiert als auch im neuen, souveränen und demokratischen Staate, den er – so versprach er es schon 1991 – in ein vereintes Europa führen wollte. Mit anderen Worten: Kučan war der personifizierte Transformationsprozess. Allerdings, dass er, der seine politische Karriere im kommunistischen Jugoslawien gemacht hat, die AVNOJ-Beschlüsse, die die Enteignung der deutschsprachigen Bevölkerung regelten, selbst im Jahre 2000 noch verteidigte, gehört zu den dunklen Kapiteln der slowenischen Geschichte: »Die AVNOJ-Dekrete sind von außergewöhnlicher Bedeutung für die staatliche und rechtliche Kontinuität des neuen Slowenien.« (Im Gegensatz dazu hat Kroatien sofort nach Ausrufung seiner Souveränität im

Jahre 1991 diese unmenschlichen Dekrete auf den Abfallhaufen der Geschichte geworfen.)

Aber auch Kučans Nachfolger Janez Drnovšek kam aus der kommunistischen Partei und konnte seine Vergangenheit nur langsam ablegen. Der promovierte Volkswirt war in den 1980er-Jahren Vertreter Sloweniens im jugoslawischen Staatspräsidium und von 1989 bis 1990 dessen Vorsitzender, de facto also jugoslawischer Staatspräsident. Nach der Wende gab er seine Mitgliedschaft in der kommunistischen Partei auf, als Vorsitzender der liberaldemokratischen Partei war er von 1992 bis 2002 Ministerpräsident. Seine Haltung gegenüber der Politik unter Milošević hat er im Jahre 2000 auf eindrucksvolle Weise klargestellt: Die Serben, so sagte er damals, werden von unverantwortlichen Politikern geführt. »Solche Politik hat in den modernen Sicherheitsstrukturen und den demokratischen Systemen Europas und der zivilisierten Welt keinen Platz mehr.« Drnovšek war ein überzeugter Europäer, er führte das Land souverän und selbstbewusst in die Europäische Union und galt als kluger Gesprächspartner.

Seit dem 11. November 2007 ist Danilo Türk Präsident, ein politisch weitgehend unbeschriebenes Blatt, langjähriger Diplomat, der als Kandidat der Sozialdemokraten und einiger Linksparteien die Stichwahl gegen den Konservativen Lojze Peterle hoch gewonnen hat.

Der Start Sloweniens in die Souveränität war nicht nur mit einem Krieg belastet, auch der zum gleichen Zeitpunkt eigenständig werdende Nachbar Kroatien war alles andere als eine Hilfe (ich komme darauf im Kapitel über Kroatien noch zurück). Seither gibt es noch immer Grenzprobleme, weil Kroaten Grund und Boden in Slowenien besitzen und umgekehrt. Insbesondere seit Slowenien zum Schengen-Gebiet gehört, sind unbürokratische Lösungen gefragt – und obwohl beide Länder nicht zum Balkan gehören wollen, haben sie schnell balkanische Lösungen gefunden.

Schwieriger ist die Lage bei Portorož, weil Kroatien die halbe Bucht beansprucht. Die Slowenen keilen zurück, sie mahnen die Legalisierung der slowenischen Ferienhäuser in Istrien an. Und nicht nur das: Neuerdings fordern slowenische Nationalisten – und von denen gibt es nicht wenige – ganz Istrien. Wie immer wird auch hier mit dem Teil der Geschichte argumentiert, der gerade passt. Und Istrien sei, so die nationalistische Partei SNS, bis zum Ersten Weltkrieg slowenisches Gebiet gewesen. Dass solch unsinnige Forderungen die Lösung der Grenzfrage bei Portorož wie auch das Immobilienproblem der Ferienhäuser erschweren, interessiert die SNS offenbar nicht.

Gerade der Streit mit Kroatien macht aber auch eines deutlich: Man hat sich vom Balkan abgesetzt, »Balkan« ist heute in Slowenien ein anderes Wort für Krieg, Krise, Chaos. Politische Abgrenzung einerseits, aber auf der anderen Seite auch Brückenschlag zu den Märkten in Südosteuropa, das ist die Leitlinie der slowenischen Politik, die von Ministerpräsident Janez Janša repräsentiert wird, der seit 1995 Vorsitzender der Demokratischen Partei ist. Janša hatte sich den Ruf eines Helden erworben, als er beim Angriff der Jugoslawischen Volksarmee die Territorialverteidigung organisierte. Der Sieg Sloweniens über die JVA gilt als sein Verdienst. Er hat das Amt des Ministerpräsidenten nach den Wahlen im Jahre 2004 übernommen und seither weitgehend erfolgreich geführt. Obwohl er ebenfalls Mitglied der kommunistischen Jugendorganisation war, gilt er als erklärter Antikommunist, der auf kleine Spitzen gegen die Machthaber von einst nicht gern verzichten mag. So stichelte er vor einiger Zeit in einer öffentlichen Rede, die Furcht derer, die meinen, das Land könne nicht funktionieren ohne jene, die das Land in den letzten 60 Jahren regiert haben, sei unbegründet – Kučan und Drnovšek dürften die Ohren geklingelt haben.

Wie recht Janša mit seiner Spitze gegen die Ewiggestrigen

hatte, zeigte sich im Sommer 2007, als der von den Genossen früherer Zeiten geführte Geheimdienst »SOVA« ein Telefonat zwischen dem kroatischen Ministerpräsidenten Sanader und Janša veröffentlichte, offenbar um Janša zu schaden, weil dieser den Versuch unternimmt, die alten Seilschaften in Politik, Medien und Gesellschaft zu zerschlagen. Auch hier, im scheinbar so europäischen und den demokratischen Werten verpflichteten Slowenien, zeigt sich anhand dieses Skandals, dass die Vergangenheitsbewältigung des kommunistischen Zwangsregimes schwieriger und langwieriger ist, als es harmlose Beobachter vermuten.

Kein Zweifel, Slowenien ist, was die Bewältigung der Vergangenheit angeht, am weitesten von all den Ländern, die nach 1989/90 das Joch des Kommunismus abgeschüttelt haben – zumindest in Worten. Was die Fakten angeht, gilt dies wohl erst seit dem Jahre 2004. Trotzdem habe ich auch hier mehrfach erlebt, dass nicht alles Gold ist, was glänzt – siehe Gottschee.

Besonders deutlich zeigt sich bei Restitutionsverfahren, dass die Justiz teilweise noch immer im Denken vergangener Tage verharrt, kein Wunder, wenn acht der neun Richter des Verfassungsgerichtes frühere Kommunisten sind. Als ein Beispiel (es gäbe viele!) sei nur erwähnt, dass der Staat das »Entnationalisierungsgesetz« – also jenes Gesetz aus dem Jahre 1991, das den von den Kommunisten enteigneten Bürgern ihren Besitz zurück geben sollte – im Jahre 1998 wieder aufgehoben hat mit der für einen Rechtsstaat abenteuerlichen Begründung, die Finanzierung des Staates sei wichtiger als das Recht auf Eigentum. Das Interesse der Nation geht über alles – in Deutschland würde solches als Chauvinismus gebrandmarkt, in Slowenien dagegen wird dies nicht einmal als Nationalismus empfunden, es gilt als Selbstverständlichkeit. Fazit: Auch als EU-Mitglied und Schengen-Staat, angekommen in Europa ist man noch nicht.

Kroatien

Nicht nur zum Baden

Ähnlich wie Slowenien hat auch Kroatien im alten Jugoslawien unter dem Diktat Belgrads gelitten, ähnlich dem nördlichen Nachbarn gab es auch hier den Versuch, sich eine nationale Sonderstellung innerhalb des Vielvölkerstaates zu erkämpfen, und genau wie Slowenien gewann Kroatien im Umbruchjahr 1991 die staatliche Souveränität. Damit aber sind die Gemeinsamkeiten auch schon erschöpft, im Gegenteil, die beiden Republiken lassen keine Gelegenheit aus, der anderen Seite durch Nadelstiche klar zu machen, dass man nur wenig miteinander zu tun haben will. Von einer guten Nachbarschaft, eingedenk der Belastung aus vergangener Zeit durch das Diktat aus Belgrad, kann keine Rede sein.

Ein eindrucksvoller Beweis für die herzliche Antipathie der beiden jugoslawischen Brüder war der klein karierte Streit um die feierliche Ausrufung der Souveränität. Slowenien hatte den 26. Juni für die Unabhängigkeitserklärung vorgesehen, Kroatien nannte plötzlich den 25. Juni, Ljubljana verlegte daraufhin seine Feier ebenfalls um einen Tag nach vorn, akzeptierte aber, dass Kroatien seine Souveränität um knapp eine Stunde früher bekannt gab. Man begann die Eigenständigkeit der Republiken als Kabarett.

Dabei hat Kroatien alles, was einen souveränen Staat auszeichnet. Hinzu kommt eine Fülle von Attraktionen, die jedes Touristenherz höher schlagen lässt. Das Land in der Form einer Sichel bietet eine subtropische Vegetation, antike und mittelalterliche Architektur, hohe Berge und wunderbare Naturparks, es beglückt den Touristen mit einer reichhaltigen Kultur und – vor allem – mit einer Küstenlandschaft mit Sonnengarantie (na ja, fast!). Wer entlang der dalmatinischen Küste nach Süden fährt, erlebt eine Traumstraße, die das Rauschen des Meeres mit steil aufragenden Felsen zu verbinden scheint. Noch interessanter ist das Ufer selbst: Entlang dieser Gestade liegen wie auf einer Perlenkette aufgereiht neben den romantischen Fischerdörfern Perlen der Kultur.

In einem Buch über die »Natürlichen Sehenswürdigkeiten Kroatiens« fand ich folgende Sätze, die ich nur unterschreiben kann: »Es gibt nur wenige Gebiete, in denen die Natur auf so geringen Entfernungen einen solchen Reichtum bietet wie in Kroatien. Manchmal scheint es, als habe die allmächtige Natur mit schöpferischer Phantasie all ihren Reichtum und ihre kontrastreiche, atemberaubende Schönheit über den kroatischen Raum verteilt.«

Kein Wunder, dass nun wieder Jahr für Jahr rund zehn Millionen Touristen kommen, die wunderbare Küstenlandschaft, die unendlich scheinenden Wälder, die nackten und trotzdem schönen Felsengipfel, die Wasserfälle und Inselwelten zu sehen. Und die Städte und Dörfer, die insbesondere in Dalmatien von der italienischen Kultur geprägt sind, dem stressgeplagten Menschen Erholung und Entspannung bietend. In den letzten Jahren hat sich jedoch der Touristenstrom verändert: Während früher die Deutschen wie Heuschrecken einfielen, bestimmen heute die Ungarn, Polen, Tschechen und Slowaken das Geschehen. Und die Kroaten reagierten schnell: Aus dem »Restaurant Hamburg« ist über Nacht das »Restaurant Budapest« geworden.

Blicken wir also zunächst auf das Traumziel sonnenhungriger Touristen aus Mitteleuropa. Urlaub in Dalmatien, das ist in erster Linie Baden. 1777 Kilometer Küste, 1185 Inseln, kristallklares Wasser, malerische Buchten, geheimnisvolle Grotten – und vor allem: Sonnenschein pur. Dalmatien, das ist die reine Inspiration für Maler und Dichter, für Fotografen und Baumeister. Aufgrund seiner strategischen Lage war diese Region immer ein Durchgangsland für Kaufleute und Heere. Eroberer brachten Lebensweisen und Prägungen mit, die sich rasch vermischten, Illyrer, Römer, Goten, Byzantiner und Venezianer hinterließen Spuren, die auch heute noch sichtbar sind, zahllose Denkmäler belegen den Einfluss der verschiedenen Kulturen, Kirchen und Kathedralen führen dem Besucher den Wandel der Stile über ein Jahrtausend hinweg vor Augen.

Besonders die Gegend um die Hafenstadt Split gehört zu den Zentren an der kroatischen Adria, die jedes Jahr von Millionen Touristen heimgesucht werden. Doch nur relativ wenige von ihnen sind sich auch bewusst, dass sie hier historisch bedeutungsvollen Boden betreten. Denn Dalmatien war um die Zeitenwende römische Provinz, und ein Sohn dieses Landes, Diokletian, stieg sogar zum Feldherrn und schließlich zum römischen Kaiser auf.

Sein Altersruhesitz, der Diokletian-Palast in Split, gebaut in den Jahren zwischen 295 und 305, ist eine kleine Stadt in der Stadt, 30 000 Quadratmeter umfassend. Es ist das am besten erhaltene Exemplar der antiken Kaiserpaläste, vom archäologischen und historisch-künstlerischen Erscheinungsbild her ein Schlüsselwerk europäischer Kulturgeschichte. Dieser Palast ist ein monumentales Denkmal der römischen Architektur, mit kaiserlichen Gemächern, Repräsentationsräumen und Tempeln, ein Konglomerat aus römischer Villen- und Palastarchitektur (ganz nebenbei: Diokletian hat sich hier im Jahre 313 das Leben genommen). Im Laufe der Jahrhunderte entstanden im nördlichen Teil des Palastes anstelle der kaiserlichen Räume aber auch frühmittelalterliche romanische, gotische und barocke Bauten, so dass sich dem Besucher hier ein Überblick über die Architektur seit der Antike vermittelt. Seit 1979 gehört das historische Split denn auch zu Recht in die Liste des Weltkulturerbes der UNESCO.

Auch für diejenigen, die an Geschichte und Architektur weniger interessiert sind, hat die Stadt im Sommer eine Attraktion zu bieten: das Split-Festival. Die Altstadt, rund um den Diokletian-Palast, ist über zwei Monate hinweg Podium für Konzerte, Opern-, Schauspiel- und Tanzaufführungen. Das Peristyl des Palastes, in dem seit Jahren die Oper »Aida« aufgeführt wird, könnte kein authentischerer Schauplatz sein. Ebenso monumental wie die Teile des Palastes über der Erde sind die Kellergewölbe, die erst nach dem Zweiten Weltkrieg freigelegt worden sind. Diese Keller dienten nicht nur als Vorratsräume: Hier, im kühlen Untergrund, wurden Wein, Obst, Gemüse usw. gelagert, hier wurden aber auch die Gefangenen eingekerkert, und von denen gab es, gerade an den Außengrenzen des Römischen Imperiums, immer ausreichend, zumal da sich Diokletian bei der Christenverfolgung durch besondere Grausamkeit auszeichnete.

Auf den Spuren der Römer fahre ich ein paar Kilometer von Split aus nach Norden. Hier finden sich, verstreut über eine Fläche von etwa zwei Quadratkilometern, die Reste von *Salona*, der im Altertum bedeutenden Hauptstadt der römischen Provinz Dalmatien. Bereits zu Zeiten von Julius Cäsar erhielt *Salona*, das sich aus einer illyrisch-griechischen Siedlung entwickelt hatte, den Rang einer Kolonie. Wahrscheinlich ist Kaiser Diokletian hier geboren. Leider wurde diese einst mächtige Stadt von den Slawen und Awaren im 7. Jahrhundert verwüstet. Dass der Staat Kroatien diese Verwüstung durch schlampige Nachlässigkeit in unseren Tagen fortsetzt, ist mir unbegreiflich. Mit einigem Unverständnis betrachte ich diese Ruinenlandschaft, sehe Gebäudeteile im Gras herumliegen, die anderswo in einem Museum Platz fänden, nehme verärgert zur Kenntnis, wie wenig sorgfältig hier mit dem römischen Erbe umgegangen wird.

Im Nordwesten dieser antiken Stätte finden sich Reste eines Amphitheaters, von dem noch der Unterbau und die

Der Diokletian-Palast in Split, Altersruhesitz eines römischen Kaisers aus Dalmatien

Anlage der Sitze für 18 000 Zuschauer erhalten sind. Das Theater, in dem Gladiatorenkämpfe stattgefunden haben, stammt aus dem zweiten Jahrhundert nach Christus und ist ebenfalls in einem erbärmlichen Zustand. Mir wird unverständlich bleiben, warum man so wenig aus einer großen Vergangenheit macht – wer hierher finden will, muss Pfadfinderfähigkeiten aufweisen: Es gibt kaum Hinweise auf diese Ausgrabungen, die zum Teil von Gras überwuchert sind und insgesamt einen ungepflegten Eindruck hinterlassen.

Das Ende der Geschichte von *Salona*: Als sich Kaiser Diokletian sechs Kilometer südlich von hier seinen Altersruhesitz bauen ließ, war dies zugleich die Geburtsstunde von

Split, heute eine Großstadt mit rund 300 000 Einwohnern. Und Tausenden von Touristen, die auf den Spuren des Kaisers wandeln, während *Salona* fast vergessen ist.

Ein paar Kilometer weiter im Nordwesten, in unmittelbarer Nähe des Flughafens, liegt ein Städtchen, das mit seinem anmutigen Charme die Kenner der dalmatinischen Küste immer wieder anzieht: Trogir. Die engen Gassen dieser mittelalterlichen Siedlung, bestens erhalten trotz der Massen von Touristen, die Schiff um Schiff hier an Land spuckt, wirkten auf mich wie ein Beruhigungsmittel nach arbeitsreichen Tagen in Krisen- und Kriegszeiten. Das enge Nebeneinander von Kirchen, Palästen und Bürgerhäusern, von romanischen und gotischen Fenstern, lichten Höfen, Torbögen und Treppen, macht das romantische Trogir zu einer Schatzkammer von Kunst und Architektur.

Gegründet von den Griechen vor unserer Zeitrechnung, von den Römern ausgebaut zu einer befestigten Hafenstadt, erlebte Trogir in den folgenden Jahrhunderten vielfältige Herrschaftsstrukturen: Byzantinische, ungarisch-kroatische, venezianische, Habsburger und sogar französische Hoheit hinterließen Spuren, die eine umfassende Wahrnehmung der Vergangenheit ermöglichen. Wer Architekturgeschichte studieren will, kann es hier tun, sakrale und säkulare Bauwerke vermitteln dem Besucher augenfällig und gut erhalten Preziosen der Romanik, der Gotik, der Renaissance und des Barock. 1998 wurde Trogir denn auch von der UNESCO zum Weltkulturerbe erklärt. Kein Wunder, dass Urlauber, die wohl eigentlich der Sonne wegen kamen, wie berauscht sind. Am Eingang der mächtigen Kathedrale aus dem 13. Jahrhundert, einem Bau, der den Übergang von der Romanik zur Gotik vor Augen führt, sehe ich eine Menschenschlange. Davor, an einem Holztischchen, neben dem Torboden mit Meisterwerken der romanischen Plastik aus dem 13. Jahrhundert, ein junger Mann, der Eintrittskarten verkauft. Und ich frage mich,

Schatzkammer von Kunst und Architektur: Der Palast Cipiko in Trogir stammt aus dem 15. Jahrhundert.

ob es wirklich notwenig ist, für den Besuch einer Kirche ein Eintrittsgeld von etwas mehr als zwei Euro zu verlangen.

Die riesigen Jachten, die hier regelmäßig an der Hafenmauer liegen, lassen vermuten, dass sich der Ruf dieser Stadt auch bei Wohlbetuchten herumgesprochen hat. Doch es gibt auch andere. Auf meine Frage, warum er hierher gekommen ist, meint ein englischer Skipper in entwaffnender Offenheit: Weil Trogir so nahe beim Flughafen liegt. Später sehe ich ihn dann doch in der Stadt, auch er begeistert. In der Tat gibt es kaum Entspannenderes, als in den engen Gassen in einem Straßencafé oder einem Restaurant dem bunten Treiben der Deutschen, Polen, Tschechen und Ungarn zuzusehen, zu beobachten, wie Menschen, die sonst offenbar nur wenige Bezüge zu einer historischen Kulisse haben, sich begeistert, aber auch voller Respekt, in dieser lebendigen Museumsstadt bewegen.

Split und Umgebung, das war während der Krisen- und Kriegsjahre oft mein Quartier, das Hotelzimmer wurde dabei immer zum Büro und Schnittplatz für TV-Beiträge. Von hier aus flog ich mit Militärmaschinen nach Sarajevo, von hier fuhr ich in die Krajina (den serbischen Teil Kroatiens), von hier aus berichtete ich über die Beschießung von Dubrovnik. Doch ich greife vor. Zurück also zu jenen Tagen, als Kroatien ein eigener Staat wurde und doch schon mitten im unerklärten Bürgerkrieg steckte. Während Slowenien an diesem 25. Juni 1991 noch mit Beethovens »Ode an die Freude« eine friedliche Feier inszenierte (erst zwei Tage später rollten die Panzer), waren die Serben in Kroatien bereits wild entschlossen zum Krieg. Ich hatte dies schon am 29. März 1991 festgestellt, an Ostern, da musste ich über den ersten Zwischenfall mit zwei Todesopfern berichten, als serbische Freischärler mit Unterstützung der serbisch dominierten Armee den kroatischen Nationalpark *Plitvice* überfielen. Wenig später inszenierte die Jugoslawische Armee bei Pakrac (an der Autobahn zwischen

Zagreb und Belgrad) eine Episode, bei der angeblich sechs serbische Polizisten von Kroaten getötet wurden.

Ich bin gerade in Belgrad, fahre mit einem serbischen Kamerateam hin, wir werden kurz vor dem Ort durch eine Baumstammbarriere zum Halten gezwungen – und von angetrunkenen Serben verprügelt. Schließlich gelangen wir doch noch nach Pakrac, und auf dem Rückweg spreche ich in einem *Aufsager* (für die »Tagesschau« um 20 Uhr) von »Schlägern«. Am nächsten Morgen fahren wir wieder hin, um über den Fortgang der Geschichte zu berichten, unser Auto wird umringt von Serben. Offenbar hat irgendwer die »Tagesschau« am Abend zuvor gesehen: »Wenn wir den erwischen, der uns gestern Abend ›Schläger‹ genannt hat, den schlagen wir wirklich tot!« Wie gut, dass ich gerade, geduckt im Auto sitzend, in eine Zeitung vertieft bin.

Nein, es war keine friedliche Zeit, die sich Kroatien für die Unabhängigkeit ausgesucht hatte. Aber eine Alternative hatte der zugegeben autoritär regierende Franjo Tuđman wohl nicht. Der Präsident, ein ehemaliger General Titos, der als Historiker den titoistischen Säuberungen des Jahres 1967 zum Opfer gefallen war und vier Jahre wegen »staatsfeindlicher nationalistischer Aktivitäten« in Gefängnissen verbracht hatte, schürte den kroatischen Nationalismus – der dann, nach dem Jahr 2000, für Kroatien zur Hürde auf dem Weg in die EU werden sollte. Andererseits sorgte Tuđman sofort nach der Souveränität Kroatiens auch dafür, dass die AVNOJ-Gesetze abgeschafft wurden, mit denen Deutsche und Österreicher enteignet worden waren (während in Slowenien diese Schandgesetze bis heute gültig sind).

Zurück ins Jahr 1991: Die Serben, rund zwölf Prozent der Bevölkerung, hatten sich vom Chauvinismus des Belgrader Diktators anstecken lassen, riefen ihre »Republik Serbische Krajina« aus, ein international nicht anerkanntes De-facto-Regime, das zunächst nur durch seine Baumstamm-Revolte in die Schlagzeilen kam. »Krajina« (zu deutsch: Gebiet oder Land), das war die Bezeichnung für die österreichische Militärgrenze in kroatischer Sprache und meinte das Gebiet, in dem man (zwischen 1538 und 1878) die als besonders kriegstüchtig bekannten Serben (zumeist Flüchtlinge aus dem von den Osmanen beherrschten Kosovo) entlang der Front zum Osmanischen Reich angesiedelt hatte. In den folgenden Jahrhunderten gelang es dort nur unzureichend, traditionelle orthodox-christliche Werte mit denen der katholisch-kroatischen Identität zu verschmelzen.

Das Regime der Serben in diesem Gebiet endete tragisch: 1995 eroberte die kroatische Armee die Krajina, es war eine Art Blitzkrieg, und natürlich kam es dabei auch zu Übergriffen. Der überwiegende Teil der serbischen Bewohner floh – man wird lange darüber streiten können, wie seriös die Aufrufe der Regierung in Zagreb gemeint waren, die Serben sollten in ihren Dörfern bleiben, es würde ihnen nichts geschehen. Tatsache ist, dass die Demagogen in Belgrad und Knin (der Krajina-»Hauptstadt«) Erfolg hatten – es kam zu einem Exodus.

Die »Hauptstadt« der Krajina war die alte kroatische Krönungsstadt Knin, die ich schon im Frühjahr 1991 aufsuchte, um mit dem »Präsidenten« der Krajina-Serben, einem Zahnarzt, zu sprechen. Bei diesem Besuch wie auch bei allen weiteren in den Jahren danach lag eine Atmosphäre der Angst über der Stadt, die Bedrückung der Menschen war mit den Händen greifbar. Sie mögen alle, oder doch fast alle, nationalistische Serben gewesen sein, aber sie fühlten wohl in ihrem Innersten, dass sie die Grenze zur Illegalität überschritten hatten. Wie auch immer, ich hatte in Knin jedes Mal Angst und war froh, wenn ich wieder weg war.

Von Knin aus fuhr ich, nicht zuletzt, um wieder frei atmen zu können, nach Brioni, Titos Urlaubsresidenz, nebenbei elitäres Ferienziel kommunistischer Führungskader. Auch wenn das Hotel noch immer kommunistische Fäule verströmt, allein die Landschaft macht es verständlich, dass Tito sich so gerne hier aufgehalten hat. Und nicht nur er: 99 Präsidenten und 1600 höchste Regierungsdelegationen pilgerten nach Brioni zur Heldenverehrung, auch Willy Brandt gehörte dazu. Für die Touristen unserer Tage ist Brioni jedoch vor allem ein malerischer Platz, um Ruhe zu schöpfen, Natur zu genießen, mediterranes Klima zu kosten, das Flair einer geschichtsträchtigen Insel (mit 2000 Jahre alten römischen Ruinen) mit nach Hause zu nehmen.

Zu diesem Flair gehören auch jene Wildtiere, die Präsidenten und gekrönte Häupter als Gastgeschenke für Tito mitgebracht haben. Zebras und Mufflons, Elche und Strauße, Lamas und Antilopen. Indira Gandhi kam gar mit zwei Elefanten an (ich habe sie im Jahre 2005 noch gesehen). Aber auch ohne Tiere wirkt diese malerische Insel mit ihrem Lorbeer- und Kieferndüft auf den gestressten Menschen unserer Tage wie ein Paradies. Über all dem Schwärmen vergisst man fast, dass dieser Garten Eden, bestehend aus 14 Inseln, schon gekrönte Häupter wie Kaiser Wilhelm II. angezogen hat, dass der Safaripark bereits 1912 von dem Hamburger Carl Hagenbeck als zoologischer Garten angelegt worden ist und dass Brioni ein Naturwunder zu bieten hat: einen Olivenbaum, 1600 Jahre alt, der noch immer Früchte trägt. Und nur wenige wissen auch, dass der Mediziner und Nobelpreisträger Robert Koch, der sich bereits seit 1898 mit der Malaria beschäftigt hatte, im Jahre 1900 auf diese damals malariaverseuchte Insel eingeladen wurde, tatsächlich auch kam, und bei diesem Aufenthalt sein Serum gegen die Malaria entwickelte.

Mit einiger Mühe reiße ich mich los von diesem Paradies, die Fähre bringt mich zurück aufs Festland, nach Istrien. Die Halbinsel zwischen Triest und Pula gilt als bevorzugtes Ferienziel der Mittel- und Nordeuropäer, sie erspart die lange Anreise hinunter nach Dalmatien und ist doch fast ebenso von der Sonne verwöhnt. Kaum den Alpen entronnen, taucht man ein in das mediterrane, tiefblaue Meer des Südens. Der Krieg hat Istrien verschont, lediglich die Hotels und Appartementanlagen in den bekannten Ferienorten wurden damals zu Flüchtlingsunterkünften umfunktioniert. Wer hier einen Unterschlupf fand, konnte von Glück reden. Heute ist Istrien eines der Zentren des europäischen Massentourismus, soweit ich es beobachten kann, aber immer noch des »sanften« Massentourismus – hoffen wir, dass es so bleibt.

Istrien war seit dem Mittelalter Zankapfel zwischen dem Habsburger Reich und Venedig gewesen. »Gewissenhafte Chronisten haben einmal errechnet«, schreibt Humbert Fink in dem Buch »Auf den Spuren des Doppeladlers«, »dass Pazin allein in den vier Jahrhunderten zwischen dem ausgehenden 14. und dem 18. Jahrhundert gezählte 21 verschiedene Herren hatte«. Zumeist Österreicher. Doch während von Österreich heute kaum etwas zu sehen ist, hat Venedig dem Land seinen Stempel aufgedrückt. Kein Wunder, das italienische Istrien, das hauptsächlich die Küstengebiete umfasste, blieb 400 Jahre unter venezianischer Herrschaft. Wer durch Pula (Pola), Poreč (Parenzo), Rovinj (Rovigno) oder Umag (Umago) spaziert, wird auch heute noch umfangen von italienischem Flair.

Pula, die sicherlich bekannteste Stadt Istriens, ist ein Ort, in dem der Besucher auf Schritt und Tritt eine reichhaltige Geschichte erlebt, insbesondere jene aus römischer Zeit. Am eindrucksvollsten: das monumentale Amphitheater aus dem ersten Jahrhundert. Kaiser Vespasian ließ es auf Betreiben seiner aus Pula stammenden Freundin Cenida errichten. 23 000 Zuschauer konnten sich hier an Schauspielen, Gladiatoren- und Raubtierkämpfen ergötzen, an die wir uns heute weniger gerne erinnern – ich mag mir gar nicht vorstellen, wie viele Sklaven hier von Löwen zerrissen worden

Gestern Schauplatz der Gladiatorenkämpfe, heute Bühne für Cocker, Domingo und Co.

sind. Seit dem 15. Jahrhundert benutzten die Venezianer dieses Theater als Steinbruch (weshalb im Innenraum die Steinbänke fehlen), 1538 sollte das Theater gar völlig abgerissen und in Venedig neu aufgebaut werden – ein Plan, der glücklicherweise scheiterte. Heute ist die Arena alljährlich Schauplatz für die Gladiatoren unserer Zeit: Joe Cocker, Eros Ramazzotti, Placido Domingo, Jose Carreras, Riccardo Muti und viele mehr gastierten hier bei Konzert- und Opernaufführungen unterm Sternenhimmel.

In Istrien beeindrucken mich immer wieder Sequenzen der Geschichte, die heute nur noch Experten kennen und die doch für die jeweilige Stadt von größter Bedeutung sind. Dies gilt auch für Pula, das einstige venezianische Pola, das schließlich zum bedeutendsten Kriegshafen der Habsburger wurde. Der Sage nach wurde *Pietas Iulia* von den Kolchiern gegründet, die den Argonautenzug mitgemacht hatten. Die

Römer bauten die Stadt dann zu einem bedeutenden Hafen und Handelsplatz aus. Nach wechselvoller Geschichte kam Pula im Jahre 1797 durch den Frieden von Campoformio zu Österreich, 1805 jedoch wieder zu Italien und 1814 wieder zu Österreich. Der Salzburger Publizist Harald Waitzbauer berichtet darüber: »Als Pola, das Krätzen- und Fiebernest, im Jahre 1814 endgültig an den Kaiserstaat Österreich fiel, lebten in diesem Städtlein nicht mehr als 6000 Einwohner. Seuchen jedweder Art hatten die Bevölkerung noch unter der Herrschaft Venedigs drastisch dezimiert ... Viele der antiken Bauwerke waren von den Franzosen (die hier als Besatzer gewütet hatten) demoliert.«

In den folgenden Jahren bauten die Österreicher Pula wieder auf, der Militärhafen belebte sich mit Adel und Geldadel, mit Offizieren, Verwaltungsbeamten und reichen Nichtsnutzen, die hier ihre Villen bauten. Bald lebten 40 000 Menschen in dieser pulsierenden Stadt, und auch wenn heute in Pula weder das Habsburger noch das Erbe Venetiens zu sehen ist, so bleibt doch festzuhalten: Die Stadt hat eine zentrale Bedeutung für Kroatien, das gotische Rathaus, der Tempel des Augustus (aus dem ersten Jahrhundert), der Triumphbogen der Sergier und eine Reihe von Sakralbauten machen Pula zu einem sehenswerten Ort.

Mein Lieblingsstädtchen in Istrien ist jedoch Rovinj, das bis 1948 Rovigno hieß. Eigentlich ist Rovinj eine kleine Insel, erst als die schmale Meeresrinne aufgeschüttet worden war, kam es zu einer Ansiedelung auf dem Festland, womit Rovinj zu einer Stadt wurde. Heute atmet das Städtchen – im Gegensatz zu Pula – noch immer italienisches Flair, besonders im Sommer, wenn italienische Touristen wie Heuschreckenschwärme über die Stadt hereinbrechen. Der altertümliche Charakter des Ortes mit seinen malerischen, verwinkelten Gassen, in denen jedes zweite Haus eine Kunstgalerie oder zumindest ein Maleratelier zu sein scheint, haben Rovinj zu einem der attraktivsten Touristenorte Istriens werden lassen, das zeitweise sogar einen mondänen Anstrich hat. Barock- und Renaissancepaläste sowie die barocke, dreischiffige Kirche der Hl. Euphemia auf dem höchsten Punkt der »Insel« geben der Stadt ein unverwechselbares Gesicht. Rovinj – das ist eine Bilderbuchstadt, im wortwörtlichen Sinne, denn die vielen Künstler, die hier ihre Sicht auf Rovinj verkaufen, leben davon offenbar nicht schlecht. Und auch hier Geschichte: Gegen Ende des 19. Jahrhunderts gründete der österreichische Baron Hüttenrodt in Rovigno eine der interessantesten Kunstsammlungen der nördlichen Adria, was vielleicht dazu beigetragen hat, aus Rovinj eine Art Montmartre Istriens werden zu lassen.

Rovinj, Bilderbuchstadt mit italienischem Flair an der Adria

Auf dem Weg in die kroatische Hauptstadt streife ich noch kurz Opatija, das nicht nur wegen der magischen Schönheit der Bucht, sondern auch wegen seiner Fülle an architektonischen Juwelen aus der Gründerzeit als das »adriatische Nizza« gilt. Prächtige Villen mit exotischen Parkanlagen, Hotels im Stile der Wiener Ringstraßenpalais – nicht nur der Adel, auch Künstler wie Gustav Mahler, Anton Tschechov oder Franz Lehar ließen es sich hier gut gehen. Nachlässigkeit, um es höflich auszudrücken, das ist es, was mir in dem einstigen mondänen Seebad Abbazia zuerst auffällt. Die Stadt, einst wegen ihres milden, mediterranen Klimas gerühmt, war das Kur- und Erholungszentrum der k. u. k.-Aristokratie, der Reichen und Schönen und der »Adabeis«. Noch immer erinnert die Uferpromenade, auch Lungomare genannt, an die Habsburger Vergangenheit und so ist dieser Weg denn auch offiziell die »Kaiser-Franz-Joseph-Promenade«. Kein Wunder, dass Otto von Habsburg, seit dem Jahr 2007 Ehrenbürger von Opatija, voller Begeisterung meinte, hier fühle er sich »ganz zu Hause«. Entlang der Hauptstraße weist die Jugendstilarchitektur auf die noble Vergangenheit der Belle Époque hin und lässt noch immer erahnen, wie wohlhabend man hier einst war. Doch die meisten der repräsentativen Gebäude von einst sind heute in einem erbarmungswürdigen Zustand, die unheilige Allianz von Sozialismus und balkanischer Schlamperei bedroht einige der schönsten in ihrer Substanz.

In der kroatischen Hauptstadt Zagreb, dem altösterreichischen Agram, war ich während der Kriegs- und Krisenzeit sehr oft – und habe fast nichts von dieser Stadt gesehen. Übernachtung im Hotel, am Morgen ein kurzes Frühstück und weiter. Denn Zagreb selbst war ja nur am Anfang kurzfristig Ziel serbischer Angriffe, und selbst die haben die Stadt nicht ernsthaft gefährdet. Nein, Zagreb war zu dieser Zeit fast immer der Ausgangspunkt für all die Reportagen aus der Krajina. Von hier aus ging es nach Slawonien, dem nordöstlichen Teil Kroatiens (das manch eine Heimatredaktion mit Slowenien verwechselte), von hier aus ging es in die Lika und sogar bis hinunter nach Dubrovnik. Die Aggression der serbischen Extremisten umfasste die gesamte Grenzregion zu Bosnien und Serbien, und da nach Vorstellung des Chefs der »Radikalen Partei« in Belgrad von Kroatien nicht mehr übrig bleiben sollte, als von der Kathedrale in Zagreb zu sehen ist, waren die Sicherheitskräfte des Landes zunächst völlig überfordert. Der Reporter übrigens auch: er wusste kaum, an welchen der vielen Brennpunkte er zuerst fahren sollte.

Erst als der Kroatienkrieg beendet war (am 3. Januar 1992), hatte ich Gelegenheit, Zagreb wirklich kennen zu lernen, eine Stadt, die wegen ihrer 21 Museen, 30 Galerien und vieler Kunstsammlungen, der Bibliotheken und der 20 Theater, der Konzerthallen und der Universität als das kulturelle Herz Kroatiens gilt. Andere Hauptstädte mögen mit ähnlichen Zahlen aufwarten können, aber kaum eine kann dem Besucher anbieten, dass er alle städtischen und kulturellen Attraktionen, die hier im unmittelbaren Stadtkern zu Hause sind, auch zu Fuß erreichen kann.

Die Geschichte der Stadt beginnt, trotz prähistorischer Funde, eigentlich erst im Jahre 1094, als der Ungarnkönig Ladislaus hier auf der Grundlage einer slawischen Siedlung ein Bistum gründet. Im 13. Jahrhundert, als Südosteuropa unter den Plünderungen der Tataren litt, brachte sich König Bela IV. an diesem Ort in Sicherheit, aus Dankbarkeit verlieh er den Einwohnern die »Bulla Aurea«, ein Symbol von Freiheit und Unabhängigkeit, was damals bedeutete, Zagreb wurde eine königliche Stadt. Nun folgte eine wirtschaftliche Blüte, es entstanden Paläste und Kirchen nach mittel- und westeuropäischem Vorbild. 1557 wurde Zagreb Hauptstadt des Königreichs Kroatien, es gehörte später zur Habsburger

Die St. Markus-Kirche in Zagreb erinnert an den Wiener Stephansdom.

Monarchie und ab 1918 zum Königreich der Serben, Kroaten und Slowenen (dem Vorläufer Jugoslawiens). In den Jahren 1970/71 war Zagreb der Mittelpunkt des Widerstandes gegen das kommunistische Regime in Belgrad, der so genannte »Kroatische Frühling« wurde jedoch von Tito niedergeschlagen, das Ganze endete mit Massenverhaftungen. Erst seit 1991 ist Zagreb Hauptstadt eines souveränen Staates.

Wer nach Zagreb kommt, sieht schon von Ferne die zwei Türme der Kathedrale, die ich bis heute, also über einen Zeitraum von fast 20 Jahren, nicht ein einziges Mal ohne Baugerüste gesehen habe. An der Stelle einer ersten im 13. Jahrhundert erbauten Kirche wurde hier vom 13. bis zum 15. Jahrhundert ein zweiter Bau errichtet, der jedoch bei einem Erdbeben 1880 schwer beschädigt wurde. Das heutige Erscheinungsbild stammt also aus einem 1892 hochgezogenen neugotischen Wiederaufbau, der für mich – nicht nur hier – ein Zuckerbäckerstil ist.

Wirklich schön ist dagegen in der oberen Stadt die Kirche St. Markus, die aus dem 13. bis 14. Jahrhundert stammt, wie alle diese Kirchen natürlich in den folgenden Zeiten verändert, zum Teil barockisiert wurde, und im Zuge der Regotisierung um 1880 ein Dach mit bunten Ziegeln bekam, womit diese Kirche in Zagreb stark an den Stephansdom in Wien erinnert – kein Zufall, die Anbindung Kroatiens an Österreich hat vielfältige Ausdrucksformen. Die bunten Ziegel von St. Markus stellen die Wappen von Zagreb (weiße Burg auf rotem Hintergrund) und Kroatiens (die historischen Wappen des dreieinigen Königreiches Kroatien, Slawonien und Dalmatien) dar.

Da ich gerade Slawonien erwähne: Den östlichen Teil Kroatiens, an der Donau gegenüber Serbien gelegen, habe ich im Frühjahr 1991 mehrfach besuchen müssen, unter anderem wegen eines Massakers, bei dem serbische Mörder zwölf kroatische Polizisten regelrecht abgeschlachtet hatten. Gleich anfangs des Krieges, im Spätsommer 1991, hatten die Serben diesen Teil des Landes dann weitgehend erobert, Vukovar wehrte sich verzweifelt, lediglich Osijek war noch in kroatischer Hand. Es erscheint mir auch heute noch bezeichnend für die Atmosphäre, die damals in der Kriegszone herrschte, dass mir der Führer der kroatischen Verteidiger großmäulig erklärte: »Die Serben können gar nicht so viele Soldaten schicken, wie wir erschießen können.« – Wenig später hatten die Serben das ganze Gebiet erobert, und ein paar Jahre darauf stand der Herr als Kriegsverbrecher vor Gericht!

Osijek, das frühere Esseg(g), ist eine keltisch-illyrische Siedlung, an der Kreuzung wichtiger Straßen und Wasserwege gelegen. Selbst zu Kriegszeiten war Osijek eine beeindruckende Stadt, das kulturelle und wirtschaftliche Herz Slawoniens, wegen der vielen Parks eine »grüne Stadt« genannt.

In unmittelbarer Nähe das größte naturbelassene Sumpfgebiet Mitteleuropas.

Nur ein Katzensprung entfernt: Vinkovci, eine weitere Stadt keltisch-illyrischen Ursprungs, von den Römern als *Colonia Aurelia Cibalae* gegründet, der Geburtsort zweier römischer Kaiser (Valens und Valentinian). Und dicht daneben: Vukovar. Mehr als 15 Jahre nach Ende des Krieges ist diese Stadt noch immer eine Ruinenlandschaft, sieht es noch immer so aus, als sei das Schießen gerade vorgestern erst zu Ende gegangen. Ich gehe erschüttert durch die Straßen. Wie die leeren Augen eines Totenschädels starren mich die zerschossenen Fensterhöhlen an. Am Stadtrand das Schloss der Grafen von Eltz, die hier bis 1944 gewohnt haben – sie hatten die Herrschaft über Vukovar im Jahre 1736 erworben. Von diesem Schloss ist nur noch eine zerbombte Ruine übrig

Vukovar, die andauernde Tragödie: Nur wenige Häuser strahlen wieder im barocken Glanz.

geblieben, lediglich der Mittelteil, in dem ein Museum untergebracht ist, hat ein neues Dach bekommen, ein erster, freilich viel zu zaghafter Ansatz einer Restaurierung, die nun, im Frühjahr 2008 weitergeführt werden soll.

Das einst reizende Barock/Rokoko-Städtchen war im alten Jugoslawien für seine Atmosphäre berühmt. Doch der Krieg hat Gräben aufgerissen, die unüberbrückbar scheinen. Die Stadt ist geprägt durch die Feindschaft der beiden großen Volksgruppen: Kroaten und Serben leben nicht miteinander, nicht einmal nebeneinander, sie leben – auch heute noch, wie gesagt, fast 20 Jahre nach Kriegsende – gegeneinander.

Mitten in dieser Ruinenlandschaft finde ich plötzlich ein Nobelhotel. Ein Gebäude aus Glas und Beton, das in jede westliche Großstadt passen würde. Das Hotel *Lav* (Löwe), gedacht als Tagungszentrum, soll der Stadt wieder Leben einhauchen. Der Besitzer Stipan Mijok hatte zunächst in Frankfurt gelebt und dann in Vukovar. Während des Krieges war er vor den Serben geflohen, nun hat er in seinem Hotel auch serbische Angestellte. Denn man müsse, sagt er, ob man wolle oder nicht, miteinander leben. »Das Problem ist«, sagte er mir bei der feierlichen Eröffnung, »dass sich die Serben nicht als eine nationale Minderheit fühlen, sondern als Verlierer. Aber ich schaue in die Zukunft. Es ist einfach, die Hand zu reichen, so lange man eine hat. Und ich habe eine. Nur wer keine Hand mehr hat, kann die Vergangenheit nicht vergessen.«

Nur am Rande: Damals habe ich mich gefragt, wie in aller Welt soll sich ein Hotel in dieser Trostlosigkeit rentieren, wie will Mijok diese Investition wieder hereinbekommen? Im Herbst 2007 ist diese Frage geklärt: Das Hotel Löwe im noch immer einer Ruinenlandschaft gleichenden Vukovar ist zeitweise ausgebucht, Kreuzfahrtschiffe auf der Donau schwemmen Touristen herein, Konferenz- und Seminarveranstaltungen bringen ebenfalls Gäste – Herr Mijok sitzt auf einer Goldgrube.

Doch zurück zur Politik: Vorläufig ist von Mijoks »Handreichen« nichts zu sehen, selbst die Freizeit bleibt streng getrennt. Die Serben treffen sich in einem, die Kroaten in einem anderen Café, kein Serbe würde dorthin gehen. »Der Unterschied gegenüber anderen Kriegen ist der«, sagt mir ein Kroate, »da standen sich Armeen fremder Länder gegenüber, Menschen, die sich nicht kannten. Hier aber hat der Nachbar den Nachbarn erschossen. Vergessen Sie nicht, wir haben mindestens 30 Jahre lang zusammengelebt, zusammen gefeiert, untereinander geheiratet. Und dann kam dieser Nachbar und hat deinen Bruder getötet.« Und ein Serbe drüben, im anderen Café, ergänzt: »Da gibt es ein ungeschriebenes Gesetz, Kroaten und Serben gehen getrennte Wege. Das ist das Ergebnis des Krieges, eine Distanz, die wir bisher noch nicht überwunden haben.«

Das »ungeschriebene Gesetz« hat einen Grund: Noch immer bringen es die Serben – selbst gebildete – nicht über sich, die Schuld ihrer Volksgruppe für die schrecklichen Verbrechen des Jahres 1991 anzuerkennen. »Jeder hat halt seine Sicht auf diese Dinge«, sagte mir im November 2007 eine Frau, die ansonsten vorurteilsfrei schien.

Und so wird die von allen Seiten beschworene Aussöhnung wohl noch lange auf sich warten lassen in dieser Stadt, in der der Hass mit Händen greifbar scheint. Obwohl nun, auch mit internationaler Hilfe, an einigen Stellen restauriert wird, obwohl erste Fortschritte bereits sichtbar sind, obwohl der eine oder andere ganz ernsthaft versucht, sich von der Vergangenheit frei zu machen. In etwa fünf Jahren, so hoffte man hier im Jahre 2004 ein wenig blauäugig, sollte der Wiederaufbau abgeschlossen sein. Im November 2007 ist einiges zu sehen, viele Ruinen aber warten noch immer auf den Baubeginn. Daneben stehen die protzigen Glas-Beton-Quader der Banken, die hier wie Faustschläge wirken – nein, das pittoreske Barockstädtchen von einst wird

Vukovar auch nach allen Restaurierungen leider nicht mehr sein.
Orts- und Szenenwechsel: Am 24. November 2000 ist Zagreb Schauplatz des Südosteuropa-Gipfels. Die Regierungschefs der Europäischen Union treffen sich mit den Führern der Staaten des Westbalkans. Um ehrlich zu sein: Eigentlich gibt es nichts zu berichten, die Damen und Herren gefallen sich mit vielen schönen Reden, in denen eine langfristige Annährung der Staaten Südosteuropas an die EU besprochen wird. Ein weiteres Beispiel dafür, wie Politiker mit viel heißer Luft die Realität verhüllen. Die Kroaten aber sahen in diesem Gipfel ein Zeichen der EU, das Land schon bald in diesen exklusiven Kreis aufzunehmen. Sieben Jahre später zeigte sich freilich, dass die traditionellen Gegner, besonders Frankreich und England, aber neuerdings auch Slowenien (entgegen verbaler Bekundungen) immer neue Hürden aufzubauen verstehen. Im Jahre 2007 wurden Rumänien und Bulgarien zu EU-Mitgliedern, Länder, die von ihrer gesellschaftlichen Relevanz, ihrer wirtschaftlichen Entwicklung und ihrer politischen Wirklichkeit weit hinter Kroatien liegen. Aber das alles zählt wohl nicht, wenn man – wie es Mitterand, ehemaliger französischer Staatspräsident, in zynischer Offenheit getan hat – im Freund-Feind-Denken vergangener Zeiten verhaftet ist. Auf dem Höhepunkt des Balkankrieges im Sommer 1992 meinte er: »Ich werde nicht vergessen, an wessen Seite Frankreich in zwei Weltkriegen gestanden hat.« So wird Kroatien also weiter hingehalten, nun wird ein Datum zwischen 2009 und 2011 in Aussicht genommen.

Aufgehängt wurde die Kampagne gegen Kroatien an der Suche nach General Gotovina, der einer Reihe von Kriegsverbrechen beschuldigt wird. Ich war im Sommer 2005, als der Fall Gotovina zu einem europäischen Problem gemacht wurde, wiederholt in Dalmatien, wo der General zu Hause ist, und habe die Plakate gesehen, die überall hingen und deutlich machten, was man hier von dieser Anklage hielt: »Ante Gotovina ist ein Held und kein Verbrecher!« Kein Wunder, war hier noch in Erinnerung, dass die Serben auf Zadar, Šibenik und Dubrovnik im Herbst 1991 zahllose Granaten abgefeuert hatten, strategisch sinnlose Angriffe, Terror gegen die Zivilbevölkerung, der nur ein Ziel gehabt haben konnte: den Tourismus, die Haupteinnahmequelle der Kroaten, kaputt zu machen.

Ich erinnere mich ebenso, wie serbische Extremisten in der Zeit vor 1995 in kroatischen Dörfern gehaust haben, ich habe gesehen, dass diese Dörfer und Städte zu Ruinenlandschaften wurden. Dann kam der August 1995, jener Sturmangriff, bei dem die kroatische Armee die Krajina im Handstreich zurückeroberte. Dabei sollen zahlreiche Kriegsverbrechen begangen worden sein, Plünderungen, Brandschatzungen, ja sogar Morde an der Zivilbevölkerung. Oberkommandierender im Raum Knin war damals General Gotovina, der dies angeordnet haben soll. Ich bezweifele gar nicht, dass es damals zu Übergriffen gekommen ist, denn ich habe erlebt, wie der Hass der Kroaten gegen das Regime der serbischen Extremisten wuchs und wuchs. Seit Dezember 2005 sitzt Gotovina nun in Den Haag und bestreitet bei den Vernehmungen vor dem Tribunal jegliche Schuld.

Der Fall Gotovina hat Kroatien in seinem Bemühen, EU-Mitglied zu werden, deutlich zurückgeworfen. Die Folge ist auch eine zunehmende Skepsis der kroatischen Bürger gegen die EU. Während die Politiker fast aller Parteien sich um die Mitgliedschaft bemühen und die Regierung nicht müde wird, durch das Aufziehen der blauen Flagge mit dem Sternenkranz ihre EU-Begeisterung zu signalisieren, ist in der Bevölkerung von solch einem Hochgefühl wenig zu spüren, nicht zuletzt, weil Informationen über die EU, über die politischen und die wirtschaftlichen Konsequenzen, bislang ungenügend fließen.

Die Zagreber Zeitung »Večernji list« veröffentlichte im Mai 2005 eine Umfrage, nach der zu diesem Zeitpunkt etwa 44 Prozent der Kroaten gegen einen EU-Beitritt waren, nur rund 41 dafür. Auch aufgrund des Falls Gotovina. »Die EU-Skepsis bei uns hat dadurch zugenommen, dass wir mit Den Haag zusammengearbeitet haben«, sagte mir Außenministerin Kolinda Grabar-Kitarović Anfang des Jahres 2006, »das Auf und Ab bei den Umfragen hat damit zu tun. Wir werden nun versuchen, die Menschen durch Seminare, Publikationen und Programme in den elektronischen Medien über die EU aufzuklären.«

Man ist auf dem Weg, die EU-Reife zu erlangen. Diese sogenannte EU-Reife, was immer man darunter verstehen mag, bezieht sich zu einem guten Teil auf die Wirtschaft. Und auch hier hat Kroatien gegenüber den beiden Neumitgliedern keinen Vergleich zu fürchten. Fachleute gehen davon aus, dass Zagreb in den nächsten Jahren ein merklich höheres Wirtschaftswachstum erreichen wird als das alte Europa, dass es als Industriestandort wegen niedriger Löhne und zum Teil geringerer Besteuerung an Bedeutung gewinnen wird. Hinzu kommt, dass ein Nachholbedarf gedeckt werden wird, wenn – was zu erwarten ist – sich eine steigende Kaufkraft einstellt. Und da die Regierung den EU-Beitritt als vordringlich anstrebt, dürfte sich auch die Inflation im engen Rahmen halten. In den vergangenen Jahren hat sich ja schon gezeigt, dass die Aufnahme von Verhandlungen über ein Stabilisierungs- und Assoziierungsabkommen mit der EU oder EU-Aufnahmegespräche Reformbemühungen äußerst positiv beflügeln.

Erhebliche Probleme gibt es dagegen im Bereich der Justiz. Immer wieder werden Fälle von Korruption aufgedeckt, die den Staat wie Krakenarme gefangen halten. Insbesondere bei der Privatisierung haben sich Politiker und Verwaltungsbeamte goldene Nasen »verdient«. Mitte des Jahres

2007 wurde beispielsweise bekannt, dass beim Verkauf kleinerer Firmen in erheblichem Maße geschmiert wurde, sodass der Staat in Höhe eines zweistelligen Millionenbetrages geschädigt worden ist – die Hoffnung wäre verfehlt, dass dies die letzte Korruptionsaffäre gewesen sein könnte, die ans Tageslicht kam. Für Ministerpräsident Ivo Sanader hat die Mitgliedschaft Kroatiens in der EU jedoch Priorität, seine Regierung (in der seit Januar 2008 sogar ein Serbe stellvertretender Ministerpräsident ist) hat entscheidende Schritte erfolgreich bewältigt, und so ist zu erwarten, dass Kroatien in absehbarer Zeit EU-Mitglied ist.

Große Verärgerung hat allerdings der Plan eines Balkan-Wirtschaftsraumes hervorgerufen, den die Europäische Kommission im Jahre 2007 vorgestellt hat. Kroatien lehnt dies kategorisch ab und verweist hierbei auf das seit 1992 bereits vorhandene und 2006 modifizierte Zentraleuropäische Freihandelsabkommen CEFTA. Balkan-Wirtschaftsraum, so sagt man hier, bedeutet für uns wirtschaftliche Stagnation. Man will Vorbild sein, aber mit dem Begriff Balkan nichts mehr zu tun haben. Aber wie selbstverständlich Korruption und fehlendes Rechtsbewusstsein im Alltagsleben nach wie vor sind, hat ein Kollege der Wiener Zeitung »Die Presse« im Mai 2007 beschrieben: »Der Bürgermeister einer Kleinstadt tritt an den Geschäftsführer eines österreichischen Unternehmens mit der ›Bitte‹ heran, dieser möge doch seinen kroatischen Arbeitern empfehlen, bei den kommenden Lokalwahlen für die Partei des Bürgermeisters zu stimmen. Dann gebe es auch keine Probleme mit der behördlichen Genehmigung für ein Objekt, um das der Österreicher monatelang zittern musste.« In der Regierung sind solche Dinge bekannt, sie versucht ernsthaft, gegen Korruption vorzugehen, schon um bis zum Jahre 2008 den Rechtsbestand der EU übernommen zu haben – Voraussetzung für die Mitgliedschaft.

Weg von der Politik, hin zu schöneren Dingen, zum Beispiel in Dalmatien. Eine der ältesten der gefeierten Städte dieser Region ist Zadar, im Altertum berühmt als Metropole des Handels mit Öl und Wein, heute eine Kulturstadt, die Touristen aus aller Welt wegen ihres reichen historischen Erbes anzieht. Zadar hat sich die urbane Siedlungsstruktur eines römischen Castrums bewahrt. 3000 Jahre Geschichte leben in diesen Stadtmauern, in denen heute neben dem Charme der dalmatinischen Küstenregion ein pulsierender, moderner Rhythmus zu Hause ist. Diese Schatzkammer der dalmatinischen Kultur war schon zur Zeit des römischen Imperiums eine wohlhabende Stadt, sie wurde nach dem Niedergang des Weströmischen Reiches im Jahre 614 Hauptstadt des byzantinischen Dalmatien – die Kirche des heiligen Donat legt davon Zeugnis ab, ein würdevoll wirkender 27 Meter hoher Rundbau, in den Jahren 810 bis 815 auf dem ehemaligen römischen Forum erbaut. St. Donat gilt zu Recht als die bedeutendste vorromanische Kirche in Dalmatien.

Nicht weniger bedeutend ist die Kathedrale der heiligen Anastasia aus dem 12. Jahrhundert, das schönste Beispiel des romanischen Baustils in Dalmatien. Die Fassade besticht mit drei spätromanischen, reich verzierten Portalen und darüber hinaus mit zwei Rosetten, die auf die nahende Gotik schließen lassen. Bemerkenswert sind hier auch die Seitenaltäre, die immer wieder Kunsthistoriker nach Zadar locken, sowie das geschnitzte Chorgestühl aus dem 15. Jahrhundert. Vom 15. Jahrhundert bis ins 18. Jahrhundert regierten hier Venedig und Österreich, und so ist es wohl kein Zufall, dass viele Häuser dieser Stadt auf Gotik und Renaissance hinweisen. Aber nicht nur: In der Innenstadt stehe ich voller Bewunderung vor der Stadtloggia im Stile der Spätrenaissance, dem romanisch-gotischen Palast *Fanfogna* und dem Palast der ehemaligen Statthalterei.

Ja, und dann hat die »Stadt aus Gold« seit einigen Jahren eine weitere Attraktivität, die in keinem Kunstführer steht:

eine Meeresorgel, die mir der Schöpfer dieses Kunstwerkes so erklärt hat: »Ich hatte zu Beginn vor, Pfeifen zu installieren, die einen nicht artikulierten Ton erzeugen. Aber schließlich habe ich es geschafft, ein neues Klangbild zum Blühen zu bringen. Diese Töne sind überaus entspannend und geben den Leuten eine Art von Mystik, denn der Ton kommt von unten, von der Tiefe des Meeres.«

Was hier sehr theoretisch klingt, ist eigentlich ganz einfach: die Wellen des Meeres drücken Luft in einen Hohlraum, von dem aus die Pfeifen betätigt werden. Und Ventile sorgen dafür, dass die Luft nicht an anderen Stellen entweichen kann. Als ich im Sommer 2005 für das Fernsehen über diese Meeresorgel berichtete, war ich ein wenig skeptisch, ich fragte mich, ob dafür ein Interesse beim Publikum bestünde. Im Sommer 2007 war ich wieder in Zadar, besuchte die Orgel und staunte nicht schlecht: Viele meist junge Leute saßen ganz verzückt auf den Treppen, lauschten den Tönen (die ich noch immer nicht Musik nennen will). Und eine junge Touristin meinte voller Begeisterung: »Das sind mystische Klänge.« Na bitte!

Unscheinbar, außerhalb der Touristenpfade, liegt ein Juwel, das zu übergehen ein Missgriff wäre: das Franziskanerkloster. Die dazugehörige Kirche wurde 1283 errichtet und im 18. Jahrhundert liebevoll renoviert. Best gehütetes Geheimnis ist ein Schrank mit illuminierten Chorbüchern des 13. bis 15. Jahrhunderts. Ein reizender alter Pater führt uns durch Kirche und Kloster, und da er die Fernsehfritzen wohl für wichtig hält, zeigt er uns auch noch den Kreuzgang aus dem 16. Jahrhundert, vortreffliche Renaissancearchitektur, an den Wänden Grabsteine aus dem 15. bis 17. Jahrhundert.

Eine weitere dieser dalmatinischen Perlen ist Šibenik. Während der Kriegs- und Krisenzeiten bin ich an dieser Stadt immer nur vorbeigebraust, habe die wenig attraktive Vor-

Šibenik: Die Kathedrale St. Jakob gilt als das eindrucksvollste Bauwerk der Renaissance an der dalmatinischen Küste.

stadt gesehen, und mich nicht um die Innenstadt gekümmert. Erst als sich die Lage beruhigt hatte, fand ich schließlich Zeit und Muße, mir das historische Šibenik anzusehen. Es wäre schandbar gewesen, hätte ich es nicht getan. Denn diese Innenstadt mit ihren verwinkelten Gässchen und venezianischen Stadtresidenzen, zahlreichen Kirchen, dem Franziskanerkloster und dem ehemaligen Rathaus, ein in den Jahren 1534 bis 1542 errichteter Renaissancebau, sowie dem ehemaligen Rektorenpalast (heute das Stadtmuseum) laden zum Bleiben ein, zum Träumen, zum Staunen. Im Jahre 1066 wurde Šibenik erstmals erwähnt, bis 1133 stand es unter venezianischer Herrschaft, danach gaben sich ungarisch-kroatische, byzantinische und bosnische Herrscher die Klinke in die Hand, bis 1797 Österreich-Ungarn der Stadt seinen Stempel aufdrückte. Erst nach dem Grenzvertrag von Rapallo 1920 kam Šibenik zum Königreich der Serben, Kroaten und Slowenen, dem späteren Jugoslawien.

Insbesondere die Kathedrale des Heiligen Jakob, das wohl bedeutendste Renaissancebauwerk Dalmatiens, heute in die Liste des Weltkulturerbes des UNESCO gereiht, ist zu Recht das Ziel unzähliger Touristen. Das besondere an diesem 1431 begonnenen Bau ist der Deckenabschluss, ein Tonnengewölbe aus freitragenden Steinplatten. Erst 1535 war das Werk, das dann zwei Jahre später geweiht wurde, vollendet. Als einmalig gilt der von außen um den Dom gezogene Skulpturenfries mit 71 Porträtköpfen, in dem Bürger von Šibenik aus allen Schichten verewigt worden sind. Über der Altstadt thront die Festung der Heiligen Anna, von der aus sich ein fantastischer Blick über die Altstadt, den Hafen und die ganze Küstenregion bietet.

Mit Šibenik verbinde ich ein Erlebnis aus Kriegszeiten, das im Nachhinein eher lächerlich wirkt, damals allerdings weniger lustig war. Auf dem Weg von Zadar nach Šibenik, kurz vor Turanj, meldet sich bei mir die Blase, ich bitte den Fahrer zu halten. Kaum bin ich ausgestiegen, sehe ich: Wir hätten keinen dümmeren Platz für einen Halt finden können – vor uns ragen die Geschütze der kroatischen Armee in den Himmel, eine ganze Batterie von Kanonen. Und noch ehe ich wieder ins Auto springen kann, steht schon ein Jeep der kroatischen Militärpolizei vor uns. Für die sind wir Spione, alle harmlosen Erklärungen nützen nichts, der etwas schlichte Gruppenführer ist sichtlich stolz auf seinen Fang, wir werden zum Führungsoffizier nach Šibenik gebracht, verhört – und freigelassen. Ärgerlich für mich: für den geplanten »Tagesschau«-Beitrag ist es nun allerdings zu spät.

In Kroatien beeindrucken mich allerdings nicht nur die Kultur, die Geschichte, die Tradition. Auch die Naturparks, die seit einigen Jahren mit großer Sorgfalt gepflegt werden, tragen zum Ruf des Landes als eine Touristenattraktion bei. Die Plitvicer Seen als Beispiel. In einem Höhenunterschied von 156 Metern liegen 16 Seen, die durch Wasserfälle miteinander verbunden sind. Ein Naturwunder, das sich ständig erneuert, da der im Wasser gelöste Kalk immer neue Hindernisse bildet. Ringsum erheben sich bewaldete Berge: ein Paradies für den gestressten Menschen unserer Tage, Flora und Fauna in einer fast unberührten Landschaft.

Auch wenn dies kein Tourismusführer ist: Die Plitvicer Seen sollten Sie sich nicht entgehen lassen. Gut 50 Kilometer südlich von Karlovac, nahe der Grenze zu Bosnien-Herzegowina gelegen, gehört dieser Nationalpark sicher zu den eindrucksvollsten der Welt. Nicht umsonst hat die UNESCO dieses Phänomen 1979 in die Liste des Weltnaturerbes aufgenommen. Auf fast 30 000 Hektar erstrecken sich Wälder, Wiesen und Seen mit kristallklarem blaugrünen Wasser. Vor allem die spektakulären Wasserfälle und Kaskaden, die eindrucksvollsten Naturschauspiele des gesamten Balkans, ziehen Jahr für Jahr rund 900 000 Menschen an.

Die Landschaft des Plitvicer Naturschutzgebietes konnte ich erst nach dem Krieg, dann aber ausgiebig, erkunden. Und ich muss sagen, jede Minute dort ist gut investiert. Am frühen Morgen ist die beste Zeit, vom Hotel aus in den Park zu gehen. Nach kaum hundert Metern steht man am Rande der Schlucht, blickt auf einen smaragdgrünen See, viele kleine Wasserfälle rauschen vorüber. Mit dem Bus kommt man hinunter zu dem tosenden Gewässer des großen Wasserfalls, der Fluss Plitvica stürzt dort rund 80 Meter in donnernden und tosenden Kaskaden über die Felsen (ein Tipp für Fotofreunde: zum Fotografieren den Morgen nutzen, am Nachmittag liegen die Wasserfälle im Gegenlicht!). Unvergessliche Anblicke – man meint, die Welt um sich herum vergessen zu können.

Und schließlich noch ein Fototermin: Dubrovnik, genannt die »Perle der Adria«, eine der schönsten Städte des gesamten Mittelmeerraumes, deren räumliche Harmonie unvergleichlich ist. George Bernard Shaw schwärmte von Dubrovnik als dem »Paradies auf Erden«. Nicht umsonst gehört die Altstadt, die in ihrem harmonischen Ganzen wie ein großes, ja einzigartiges Kunstwerk wirkt, ebenfalls zum Weltkulturerbe der UNESCO. Und deshalb ist der zynische Ausspruch eines serbischen Offiziers, der während der Bombenangriffe auf Dubrovnik im Jahre 1991 auf den Kulturwert dieser Stadt hingewiesen wurde, ebenso bezeichnend wie unvergessen: »Das bauen wir wieder auf, schöner und älter, als es jetzt ist!«

Im 12. Jahrhundert unter byzantinischer Oberhoheit als Republik *Ragusa* gegründet, fiel die Stadt 1205 in die Hände des Erzfeindes Venedig, konnte sich jedoch 1358 befreien und erlebte fortan, bis ins 16. Jahrhundert eine Blütezeit als Handelsmacht, aber auch – es war die Zeit von Humanismus und Renaissance – als ein Zentrum der Wissenschaften und Künste. Nach einem kurzen Zwischenspiel unter Napo-

Die einstige Republik Ragusa *war jahrhundertelang ein Zentrum von Wissenschaft und Kunst.*

leon kam Dubrovnik 1815 zu Österreich, seit 1918 gehörte es bis 1991 zu Jugoslawien. Wichtiger noch als diese nackten Geschichtsdaten aber ist, dass *Ragusa* über Jahrhunderte hinweg dem Leitspruch »Libertas«, der Freiheit also, treu geblieben ist – überliefert ist der Ausspruch während der Türkenbelagerung: Man werde seine Freiheit für kein Geld der Welt verkaufen. Heute ist der Begriff »Libertas« der Name der Festspielwochen, der größten und repräsentativsten Kulturveranstaltung Kroatiens: ein internationales Musik-, Theater- und Tanzfestival. Jeden Sommer treffen sich hier Künstler aus aller Herren Länder, die in diesem einzigartigen Ambiente der geschlossenen und offenen Bühnenräume der Renaissance- und Barockstadt etwa 80 Dramen-, Ballett-, Opern- und Musikveranstaltungen präsentieren. Ergänzt wird »Libertas« durch die Vorstellung literarischer Werke, Ausstellungen und Dichterlesungen.

Heute beeindrucken vor allem die beiden Klöster den Besucher. Im Dominikanerkloster, dessen Ursprünge bis ins 13. Jahrhundert zurückreichen, fasziniert insbesondere der Kreuzgang, dessen Stilelemente den Übergang von der Gotik zur Renaissance dokumentieren. Die eleganten, reich verzierten Arkaden stammen aus dem späten 14. Jahrhundert. Ursprünglich lag das Kloster außerhalb der Stadtmauern, im 16. Jahrhundert wurden ein weiterer Gebäudekomplex und das Ploče-Tor angebaut. Ein Klostermuseum präsentiert dem Besucher von heute Gemälde, mittelalterliche Handschriften und Reliquien.

Ebenfalls im 14. Jahrhundert erbaut: das Franziskaner-Kloster mit seinem wunderbaren romanischen Kreuzgang, bei dem vor allem die schlanken Zwillingssäulen mit ihren reich dekorierten Kapitellen sehenswert sind. Gleich am Eingang des Klosters eine weitere Sehenswürdigkeit: die älteste Apotheke Europas (seit 1317). Sie ist in ihrem ursprünglichen Zustand erhalten geblieben und vermittelt einen Einblick in die Heilmethoden und die Instrumente des Apothekers in früheren Zeiten. Aufbewahrt ist hier das gesamte Inventar der Apotheke mit historischen Apothekenbüchern, alten Arzneigefäßen und den Gerätschaften des Baders vergangener Tage.

Der Rektorenpalast gilt als das vornehmste Gebäude der Stadt. Der spätgotische Bau aus dem 15. Jahrhundert, nach einer Beschädigung mit einem prunkvollen Renaissanceportikus geschmückt, war in der alten Republik die Wohnung des Rektors und zugleich Sitz der Regierung. Heute beherbergt er das Kulturhistorische Museum. Die wenigen barocken Formen wurden beim Wiederaufbau nach dem Erdbeben 1667 aufgesetzt und fügen sich nahtlos in eine vollendete Harmonie.

Von der wuchtigen, komplett begehbaren Stadtmauer aus, der besterhaltenen Befestigungsanlage Europas, hat der Besucher einen vollständigen Überblick über einen grandiosen Komplex öffentlicher und privater, sakraler und säkularer Bauwerke aus allen Perioden der Stadtgeschichte, beginnend mit seiner Gründung im siebten Jahrhundert. Fast 2000 Meter wandelt man auf einem bis zu 25 Metern hohen Wall, von dem aus eine der Eigentümlichkeiten dieser Stadt besonders gut zu sehen ist: Der Blick geht über Dächer, die wie eine geschlossene Fläche aus roten Ziegelsteinen die Häuser schützen. Schützen – nein, 1991 war ein Großteil dieser Dächer zerbombt, riesige Löcher zeugten vom Beschuss der serbischen Soldateska – für sie war es ja auch einfach genug, wie auf einem Präsentierteller lag Dubrovnik vor ihnen, am Fuße einer Anhöhe. Inzwischen sind diese Schäden vollständig behoben, die neuen Ziegel glänzen in der Sonne, die Bürger der Stadt aber können den Herbst 1991 nicht vergessen, wie mir glaubhaft versichert wird.

Ausgebessert wurde auch die *Stradun*, die Flaniermeile in der Mitte der Altstadt. Nach dem Krieg zeugten zahllose Granateinschläge von dem Beschuss dieser Stadt, und ich hätte mir gewünscht, dass diese Krater sichtbar bleiben, als ständige Warnung vor der destruktiven Gewalt von Extremisten. Die Stadtverwaltung aber dachte wohl in erster Linie an den Tourismus – man will die Menschen, die hier Erholung und Entspannung suchen, wohl nicht mit den Gräueln der Vergangenheit belasten.

Ein Blick zurück im Zorn: die Angriffe der Jugoslawischen Volksarmee auf Ziele in Kroatien wurden regelmäßig damit begründet, dass man die serbische Minderheit schützen müsse und dass diese Anspruch auf die jeweilige Stadt habe. Die Volkszählung von 1991 führt diese Argumentation hier in Dubrovnik besonders deutlich ad absurdum: Hier lebten vor dem Krieg 82,4 Prozent Kroaten und nur 6,8 Prozent Serben plus vier Prozent Bosniaken und Angehörige von 20 weiteren ethnischen Gruppen (heute sind es 93

Der Stradun, *die Flaniermeile: Heute sieht man die vielen Bombenkrater des Krieges von 1991 nicht mehr.*

Prozent Kroaten, 2 Prozent Serben und 1,5 Prozent Bosnier). Tatsache ist, man lebte hier friedlich nebeneinander, von einer Bedrohung der Serben konnte keine Rede sein.

Bei den Luft-, Artillerie- und Mörserangriffen wurden unter anderem der *Sponzapalast*, in dem sich das historische Archiv Dubrovniks befindet, das Dominikaner- und das Franziskanerkloster sowie die katholische Stadtkirche des Hl. Vlaho, die Stadtmauer und viele weitere historische Gebäude beschädigt. Sogar Phosphorgranaten wurden von den serbisch dominierten Streitkräften verwendet. Am 1. Oktober 1991 wurde die Telefon-, Strom- und Wasserversorgung der Stadt gekappt. Von der Seeseite verhinderten serbische Kriegsschiffe jeglichen Zugang zur Stadt. Die heftigsten Angriffe fanden am 6. Dezember 1991 statt. Allein an jenem Tag feuerten serbische Barbaren 600 Granaten in die Altstadt. Die Angreifer versuchten, eine Massenflucht der Kroaten aus der Stadt zu erreichen, was jedoch nicht gelang. Im Stadtgebiet schlugen alles in allem mehrere tausend Granaten ein, nach Angaben des Roten Kreuzes wurden 114 Zivilisten und 200 Soldaten getötet. Insgesamt wurde ein Drittel der Gebäude in der historischen Altstadt zerstört oder beschädigt, die Schäden wurden auf rund 250 Millionen Euro geschätzt.

Ich gehe auf diesen widerwärtigen Teil der Geschichte dieser Stadt deshalb so ausführlich ein, weil der Schriftsteller Peter Handke, der sich auch als Bewunderer des serbischen Diktators Milošević hervortat, Angriffe auf Dubrovnik in den Bereich der Fabel zu verweisen suchte. Und uns Journalisten pauschal unterstellte, wir hätten den Krieg ja nur aus den Hotelbars beobachtet und deshalb ein eigentlich falsches Bild vermittelt. Im Gegensatz zu mir war Handke offenbar jedoch nicht in Dubrovnik (und an all den anderen Kriegsschauplätzen).

Wer sich heute in Kroatien umsieht und – mit Blick auf die EU-Mitgliedschaft von Rumänien und Bulgarien – Vergleiche anstellt, wird sich über die EU und ihre Grundsätze der Erweiterung nur wundern können. Denn Kroatien ist in politischer, wirtschaftlicher und gesellschaftlicher Hinsicht weit vor diesen beiden Staaten, die mit 1. Januar 2007 Mitglieder wurden. Was freilich nicht heißt, dass in Kroatien alles in Ordnung ist. Noch liegt der Anteil des Privatsektors an der gesamtwirtschaftlichen Wertschöpfung nur bei gut 60 Prozent – zum Vergleich: in Ungarn sind es 80 Prozent. Fehlende Rechtssicherheit, Defizite bei der Bekämpfung der Korruption und eine in kommunistischen Dimensionen denkende öffentliche Verwaltung sind nach wie vor Hürden auf dem Weg nach Europa. Die Regierung Sanader aber ist entschlossen, diese Hürden zu meistern, und es sieht so aus, als würde sie damit Erfolg haben. Denn darüber kann es keinen Zweifel geben: Kroatien ist (schon jetzt) ein Teil Europas.

Bosnien-Herzegowina

Der Traum von Multikulti

Bosnien, das ist europäische Kultur und orientalische Konvention, österreich-ungarische Tradition und osmanische Überlieferung, slawisch-orthodoxe, römisch-katholische, islamische und jüdische Weltanschauung. Was sich da auf den ersten Blick als unvereinbar ausnimmt, schien in Bosnien-Herzegowina zu einer geradezu idealen Mixtur geworden zu sein. Nur: Von all dem war seit Anfang der 1990er-Jahre nichts mehr zu hören und zu sehen, Bosnien wurde im Blickfeld der Öffentlichkeit das Synonym für Krieg und Krise. Und ich habe dazu wesentlich beigetragen. Denn während des Krieges war ich die meiste Zeit in Bosnien, und die Heimatredaktionen konnten gar nicht genug Berichte bekommen – je mehr Tote, desto besser!

Ich habe mich in Bosnien, als ich dieses Land Ende der 1980er-Jahre erstmals bereiste, sofort verliebt. Die Landschaften von atemberaubender Schönheit, das Tal der Neretva zwischen Mostar und Jablanica, die *Romanija* mit ihren malerischen Dörfern inmitten saftiger Weiden, das zentralbosnische Kernland mit seinen samtgrünen Wäldern oder das Tal der Bosna – damals war es ja friedlich hier, zumindest schien es dem Außenstehenden so, während die Menschen, nicht nur die Politiker, die aufkeimenden Spannungen im Alltagsleben bereits sehr wohl spürten. »Bosnien ist ein herrliches, interessantes und keineswegs gewöhnliches Land, sowohl was seine Landschaft betrifft als auch seine Menschen.« Literatur-Nobelpreisträger Ivo Andrić schrieb dies

Nobelpreisträger Ivo Andric wusste: ein »herrliches Land«, aber eben auch ein »Land der Angst und des Hasses«.

50 Jahre vor jenem Krieg, der Bosnien zerrissen hat. Geradezu seherisch schrieb Andrić damals aber auch: »Es gibt dort etwas, was die Menschen nicht außer Acht lassen dürfen: Bosnien ist ein Land der Angst und des Hasses.«

Dieser Hass hat sich im letzten Drittel des vorigen Jahrhunderts noch verstärkt – mag sein, dass Tito dazu beigetragen hat, als er die Religionsgruppe der Moslems in der Verfassung von 1974 zu einer eigenen Nationalität machte. Tito wollte mit dieser Maßnahme einen Ausgleich der Nationalitäten in Bosnien schaffen, den Serben und Kroaten sollten die Moslems als Nationalität gleichgestellt werden. Aber gut gemeint ist oft genug das Gegenteil von gut. Die orthodoxen Serben, aber auch die katholischen Kroaten in der Herzegowina, sahen in den moslemischen Bosniaken eine Konkurrenz, zumal da diese als stärkste Bevölkerungsgruppe auch politische Macht errangen. Mit der unabänderlichen Logik einer griechischen Tragödie trieb Bosnien nach Titos Tod auf einen grausamen Krieg zu.

Fast symbolhaft scheint mir, dass die destruktive Gewalt dieses Krieges auch das Aushängeschild des Landes zerstörte. Auf dem Titel früherer Reiseführer über Jugoslawien ist nicht etwa die Hauptstadt zu sehen, sondern eine Brücke in Mostar, die zum Schönsten zählt, was Menschen am Balkan geschaffen haben: *Stari most*, die Alte Brücke über die Neretva. Dieses einzigartige Denkmal osmanischer Baukunst, 1566 im Auftrag Sultan Suleimans des Prächtigen aus weißen Kalkstein erbaut, überspannt den Fluss mit einer Eleganz in Form und Linie, die ihresgleichen sucht. Fast 29 Meter Spannweite, 22 Meter über dem Wasserspiegel, ein vier Meter breiter Fahrweg – Baumeister Hajrudin, so erzählt die Sage, war sich so wenig sicher, dass seine Konstruktion halten würde, dass er sich nach Fertigstellung zunächst aus Angst vor dem möglichen Zorn des Sultans versteckte. Sollte die Brücke einstürzen, so hatte dieser gedroht, würde er dem Baumeister den Kopf abschlagen lassen.

Sie hielt – bis 1993, als kroatische Barbaren sie gezielt zerstörten. Wochenlang hatte ich verfolgt, wie die Granaten

Die Alte Brücke, das Wahrzeichen von Mostar: 1993 zerstört, strahlt sie seit 2004 wieder im neuen Glanz.

auch auf *Stari most* herunterregneten, und immer hatte ich die Hoffnung gehegt, keine würde so genau treffen, dass es zur Katastrophe käme. Die Brücke war schwer beschädigt, aber – so die Erwartung – man könnte sie restaurieren, wenn der Krieg erst vorbei wäre. Dann, am 9. November war es soweit: Eine Granate schlug im rechten Uferpfeiler ein, das Meisterwerk Hajrudins versank in den Fluten der Neretva.

Als 1995 der Krieg endlich vorbei war, begann man, über einen Wiederaufbau nachzudenken, Pläne wurden entwickelt und wieder verworfen, es wurde viel geredet und wenig getan, aber zumindest wurden die alten Steine zum Trocknen ans Ufer gebracht. Mit Unterstützung der UNESCO und der Weltbank gelang es schließlich, dieses Wahrzeichen von Mostar wieder aufzubauen, wobei – soweit vorhanden und nutzbar – die Originalsteine verwendet wurden. Und dann war es im Jahre 2004 endlich geschafft: *Stari most* stand wieder, mit einem großen Fest am 23. Juli wurde der Wiederaufbau gefeiert, ein Feuerwerk ließ Sterne über die Brücke herunterregnen, die Offiziellen aus vielen Ländern schwebten im siebenten Himmel. Und seit dem Jahre 2005 gehört *Stari most* sogar in die Liste des Weltkulturerbes der UNESCO, nicht nur wegen ihrer architektonischen Einmaligkeit, sondern auch als »Symbol der Versöhnung und der internationalen Zusammenarbeit und als Symbol für das Zusammenleben von verschiedenen religiösen, kulturellen und ethnischen Gemeinschaften« (so die UNESCO). Und auch wenn der Bogen heute noch im Weiß eines Neubaus strahlt, es wird nicht lange dauern, dann setzt sich die Patina an, die dem Besucher den Eindruck aufdrängen wird, es sei ja gar nichts gewesen.

Im Sommer 2007 bin ich wieder an dieser Brücke und erlebe eine Stimmung wie früher: Auf beiden Seiten des Bauwerkes haben Andenkenhändler kleine Geschäfte eröffnet, einige haben auf einem Teppich auf dem Pflaster ihre Schätze ausgebreitet, eine junge Künstlerin »malt« mit einem

Brennglas ein Bild von *Stari most* in ein Holzbrettchen, selbst der weißhaarige Trödler, der gleich nach Kriegsende hier saß und die Ungerechtigkeit der Welt beklagte, ist noch da, und nun springen auch wieder junge Athleten von der Brücke, 22 Meter tief, in die Neretva, nachdem sie beim Publikum ein paar »konvertibilna marka« (2 KM = 1 Euro) eingesammelt haben. Mit einem guten Gefühl genieße ich in einem kleinen Café gleich neben der Brücke einen Espresso und fahre dann weiter nach Sarajevo.

Der Weg hinauf in die Hauptstadt ist für mich ein weiteres Wunderwerk, freilich kein von Menschenhand geschaffenes. Das Tal der Neretva ist von geradezu übersinnlicher Harmonie: Der Fluss, dessen Wasser hier smaragdgrün aufleuchtet, die steilen Felsen, die fast senkrecht aus dem Ufer aufragen, die Sonne, die sich in den Fluten spiegelt und das ganze Tal in einen goldenen Schimmer taucht – Sie merken, verehrter Leser, ich kann mich an diesem Tal nicht satt sehen. Oben, am Talende, ein paar Blockhäuser, vor denen sich das Lamm am Spieß dreht, danach Jablanica, ein eher trostloses Kaff.

Von hier aus sind es nur noch wenige Kilometer nach Sarajevo, das für mich während des Krieges fast schon zur Heimat geworden war. Heute, nach Krieg und Krisen, ist die Stadt wieder ein blühendes Gemeinwesen, in dem sich orientalischer Charme und mitteleuropäische Geschäftigkeit miteinander verbinden. Aber natürlich hat der Krieg auch Spuren hinterlassen, nicht nur jene Einschusslöcher, die in den Häuserwänden noch zu sehen sind, sondern vor allem in den Köpfen der Bewohner. Man kommt leider um die Tatsache nicht herum: Die Atmosphäre in Sarajevo hat sich gewandelt, es ist nicht mehr die Stadt der Intellektuellen wie vor 1992. Was leicht erklärbar ist: Ein Großteil der geistigen Elite ist entweder im Krieg umgekommen oder hat die Stadt verlassen. Im Gegenzug haben sich aus den ländlichen Gebieten, die von den Serben mit chauvinistischem Furor beherrscht werden,

Menschen nach Sarajevo geflüchtet, Landwirte und Handwerker, die heute das Straßenbild beherrschen.

Und auch das multikulturelle, multireligiöse Sarajevo – sinnfälliger Ausdruck gelebter Toleranz – hat ein paar Schrapnelle abbekommen. Zwar stehen im Umkreis von kaum 100 Metern eine Moschee, eine orthodoxe und eine katholische Kirche sowie die Synagoge. Bezeichnend für die Nachkriegssituation: Die serbisch-orthodoxe Kirche ist eigentlich geschlossen, eine Putzfrau lässt mich mit mürrischem Gesicht ein, ich komme in einen ikonengeschmückten Innenraum mit einem riesigen Kronlüster, die ganze Kirche ist in düsteres Halbdunkel getaucht – symbolhaft für die Lage der Serben in der Stadt. Schräg gegenüber die katholische Kirche, viel heller, heimeliger im Inneren. Eine Marmortafel erinnert daran, dass Papst Johannes Paul II. am 12. April 1997 hier gebetet und gepredigt hat.

Die Granaten, die diese Gotteshäuser im Kriege trafen, haben auch das Ideal des friedlichen Zusammenlebens von Menschen unterschiedlicher kultureller Herkunft beschädigt. Kaum 100 Meter weiter die *Gazi-Husrev-Beg-Moschee*, eines der bedeutendsten Beispiele osmanischer Architektur. Und dann, wiederum kaum 100 Meter entfernt, jenseits des Flusses Miljacka, die Synagoge. Das Ideal einer multikulturellen Gesellschaft, der Verbindung von europäischer Kultur und orientalischer Konvention, das Nebeneinander von slawisch-orthodoxer, römisch-katholischer, jüdischer und islamischer Weltanschauung, hier schien es Realität, bis serbischer Chauvinismus das alles zerstörte. Ivo Andrić wusste es schon vor mehr als 70 Jahren: In Bosnien regiere »ein Hass, der den Menschen gegen den Menschen hetzt und dann beide Gegner gleichzeitig in Elend und Unglück stürzt«. Ob es je gelingen wird, diesen Fluch zu überwinden?

Im Schatten der vier Gotteshäuser, in einem dieser reizenden Straßencafés in der Fußgängerzone sitzend, lasse ich die

Gedanken zurückwandern in das Jahr 1992, als ich am 29. Februar (es war ein Schaltjahr) und 1. März in Sarajevo das Referendum über die Souveränität verfolgt habe. Das Ergebnis stand eigentlich von vornherein fest (denn die Serben boykottierten die Abstimmung, 99 Prozent der abgegebenen Stimmen waren schließlich für die Souveränität), mich interessierte viel mehr, eine Familie zu finden, in der die drei Volksgruppen Bosniens vereint waren. Denn ich sah, was auf dieses Land zukommen würde, und ich wollte dem deutschen Fernsehzuschauer den Wahnsinn dieses gegenseitigen Hasses anhand einer solchen Familie demonstrieren. Mit Hilfe eines Kollegen vom örtlichen Fernsehen fand ich sie auch, der Vater Moslem, die Mutter (orthodoxe) Serbin, zwei reizende Töchter, in der Familie des Vaters gab es auch noch (katholische) Kroaten. Und ich konnte mein Glück kaum fassen: Die Serbin war auch noch Vorsitzende einer Anti-Kriegs-Liga, stellte sich also offen gegen die Kriegstreiber der eigenen Volksgruppe in Pale.

Ich telefonierte, war willkommen, erklärte mein Anliegen. Vater Mirsad, ein politischer Kopf, beschrieb mir die Lage, die aktuellen Schwierigkeiten, das Leben in einer Krisensituation. Aber er verwies auch auf die Vergangenheit, die von weitgehender Harmonie unter den Volksgruppen geprägt gewesen sei. Ich bin sicher, er wollte mich damals nicht belügen, die komplizierte Lage verklärte ihm einfach die Erinnerung. Immerhin habe ich später erfahren: Als er, ein Moslem mit glänzenden Berufsaussichten, im Jahre 1972 die Serbin heiratete, wurde diese aus ihrem Familienverband verstoßen, die Töchter haben ihre Großeltern mütterlicherseits nie kennengelernt. Bosnische Harmonie der Vergangenheit ...

Die Realität sieht heute leider anders aus, das multiethnische, multireligiöse Sarajevo gibt es nicht mehr. Zwar ist der Versuch islamischer Fanatiker fehlgeschlagen, aus Sarajevo eine fundamentalistische Stadt zu machen. Gleich nach dem Krieg war z. B. Frauen Geld geboten worden, damit sie sich in der Öffentlichkeit nur noch mit Kopftuch sehen ließen. Dies ist nun wieder vorbei, offenbar auch, weil die meisten Frauen diesen Unsinn nicht mitgemacht haben. Bei meinen letzten Besuchen in Sarajevo fielen mir in der *Ferhadija*, der Flanier- und Einkaufsmeile im Stadtzentrum (einer Fußgängerzone, die in allen westeuropäischen Städten ganz ähnlich aussieht), nur wenige Frauen mit Kopftuch auf, dafür – im Sommer – umso mehr mit leichter Kleidung, Miniröcken und T-Shirts, die jeden Islamisten zur Verzweiflung treiben müssen. Und selbst der von Saudi-Arabien mit viel Geld forcierte Bau von Moscheen stößt bei den Menschen, auch bei gläubigen Moslems, auf Ablehnung.

Aber andererseits darf sich niemand darüber hinweg schwindeln: Sarajevo ist heute eine stärker islamisch geprägte Stadt als vor dem Krieg. Michael Martens beschrieb dies in der »Frankfurter Allgemeinen« am 29.12.2005 so: »Akustisch scheint die Hauptstadt von Bosnien-Herzegowina immer noch die multireligiöse und liberale Balkanmetropole zu sein, als die sie einst berühmt war: An manchen Stellen der Altstadt von Sarajevo mischen sich zu bestimmten Tageszeiten Glockengeläut, der Ruf eines Muezzins und der Singsang balkanischer Popmusik, der profane Lockruf der Cafés. Das ist der Klang des weltoffenen Sarajevo, des früher oft als ›Jugoslawien im Kleinen‹ bezeichneten vermeintlichen Idylls, wo für viele orthodoxe Serben, katholische Kroaten und muslimische Bosniaken Religion und Nationalität nur nebensächlich waren. Doch dieses Sarajevo gibt es nicht mehr, es versank mit dem Beschuss der Soldaten des serbischen Generals Mladić im Schutt. Mustafa Cerić, das scharfzüngige Oberhaupt der bosnischen Muslime, hat das einmal in die Worte gefasst, der bosnisch-serbische Kriegsherr Radovan Karadžić habe ›mehr zum islamischen Erwachen der Bosniaken beigetragen als ich mit meiner missionarischen Arbeit in den vergangenen 50 Jahren‹.«

Ceric's missionarische Arbeit, das war freilich nie ein fundamentalistischer Islam, es war immer ein Euroislam (wie wir es heute bezeichnen), der von den Moslems entsprechend gehandhabt wurde. Ich kenne viele Moslems, die kaum einmal in einer Moschee gebetet, die – vor dem Krieg – durchaus Schweinefleisch gegessen und Whisky getrunken haben. Nicht zuletzt aufgrund der vielen Einflüsse von außen war der Islam hier immer liberal, auch schon in seinen Anfängen, als die Osmanen von Süden her den Balkan eroberten, aber bis zum 19. Jahrhundert gewaltsame Bekehrungsversuche unterließen. »Bis dahin hatte sich die streng militaristische, ja absolutistische Regierungsform der Osmanen gerade dadurch ausgezeichnet, dass sie der unterworfenen Bevölkerung eine sehr weitreichende Kultur- und Verwaltungsautonomie gewährte«, schreibt auch Dorothea Gräfin Razumovsky in ihrem Buch »Der Balkan«.

Aber je öfter von einem fundamentalistischen Islam die Rede ist, je öfter islamistischer Terror zu beklagen ist, je öfter Anschläge der Jünger des Dschihad gerade noch verhindert werden können, desto öfter muss sich auch Mustafa Cerić von solchen Verbindungen distanzieren und betonen, dass der bosnische Islam die Gewaltenteilung des demokratischen Rechtsstaates anerkennt. Cerić warnt sogar öffentlich vor dem Aufbau islamistischer terroristischer Zellen in westlichen Ländern und macht sich damit bei den religiösen Autoritäten dieser Länder unbeliebt. Aber er hat eben die Erfahrung eines Krieges, in dem rund 4000 Mudschaheddin an der Seite der bosnischen Armee gekämpft haben – nicht immer zur Freude der Führung in Sarajevo. Denn diese Kämpfer, einige von ihnen Afghanistan-erfahren, andere als Extremisten sogar in ihren Heimatländern verfolgt, galten aufgrund ihrer Radikalität als Außenseiter, die nicht verstehen konnten oder wollten, dass Frauen kein Kopftuch tragen oder junge Paare sich in der Öffentlichkeit küssen.

Die Baščaršija, pittoresker Touristen-Magnet in Sarajevo, erbaut in der osmanischen Zeit und bis heute scheinbar unverändert

Ich habe diese Typen nie zu Gesicht bekommen und trotzdem eine unschöne Episode ihretwegen in Erinnerung. Es ist Sommer 1993, ich drehe im Raum Zenica einen Beitrag über den Hunger im Kriegsgebiet, bin im Hotelzimmer beim Texten, als plötzlich zwei Polizisten im Raum stehen und das Team auffordern, zur Polizeistation mitzukommen. Harschen Behördenton habe ich noch nie vertragen, auch nicht zu Hause. Also habe ich mich geweigert und, als dies nicht nützte, die Polizisten barsch darauf hingewiesen, dass sie – »Hausfriedensbruch« – dieses Zimmer verlassen sollten. Derart westlich-dekadentes Rechtsverständnis war den Polizisten natürlich völlig fremd (was mir auch klar gewesen war, ich wollte sie ja nur provozieren) und der Streit endete damit, dass einer sein Gewehr von der Schulter nahm, entsicherte und mir auf den Bauch hielt. Um es kurz zu machen: Wir wurden in der Polizeistation verhört, und als man sich dort von unserer Harmlosigkeit überzeugt hatte, durften wir wieder gehen. Erst nach dem Krieg habe ich den Hintergrund dieses Vorfalles erfahren: Wir hatten im Operationsgebiet der Mudschaheddin gedreht, und die Behörden, die die Anwesenheit ausländischer Kämpfer nicht an die Öffentlichkeit kommen lassen wollten, hatten gemeint, eben diese seien unser Thema gewesen.

Nach dem Ende des Krieges hat die Regierung in Sarajevo versucht, die Gotteskrieger, die auch international wegen verschiedener Delikte wie Raub, Vergewaltigung und ähnlichem gesucht wurden, so schnell wie möglich wieder los zu werden. 367 dieser unerwünschten »Gäste« gelang es dennoch, durch Heirat die bosnische Staatsbürgerschaft zu erringen, trotzdem stehen die meisten von ihnen im Verdacht, noch immer mit islamistischen Terrornetzwerken zu tun zu haben – Sarajevo bemüht sich nun, ihnen die Staatsbürgerschaft wieder zu entziehen.

Vor der Türkenzeit eine unbedeutende Siedlung, erlebte *Bosna Serail* als Sitz des türkischen Statthalters seit dem 15. Jahrhundert eine Blütezeit; der Name Sarajevo leitet sich ab vom türkischen »Saraj Ovasi« – der Hof im Feld. Im Jahre 1878 übergab dann der Berliner Kongress Bosnien den Österreichern zur Verwaltung, die Habsburger begingen 1908 schließlich den Fehler, Bosnien zu annektieren, was sich im Jahre 1914 grausam rächen sollte!

1914 – das wäre ein eigenes Buch wert. Deshalb hier nur kurz: Ausgerechnet vom 25. bis 28. Juni musste der österreichische Thronfolger Franz Ferdinand Sarajevo besuchen, obwohl man in Wien doch hätte wissen können, dass die Serben (die Anspruch auf Bosnien zu haben glaubten) einen Mordanschlag planten, dass der 28. Juni, der Veitstag, einer der höchsten Feiertage der Serben ist, dass ein Besuch an diesem Tag also als Provokation gewertet werden würde. Und schon die Anreise des Thronfolgers stand unter einem schlechten Stern. Der Salonwagen – man reiste mit der Eisenbahn – war defekt und Franz Ferdinand meinte ahnungsvoll: »Na, diese Reise fängt ja recht vielversprechend an.« Und er schenkte seinem Kammerdiener seine Uhr mit dem Hinweis, sollte ihm etwas zustoßen, möge dieser sich um Herzogin Sophie und die Kinder kümmern. Nach Triest neues Unbill: die elektrische Beleuchtung des Waggons fiel aus, und Franz Ferdinand stöhnte, er komme sich vor wie in einem Grab. Als er schließlich in Sarajevo nach einem fehlgeschlagenen Attentat von einem Empfang im Rathaus wieder ins Auto stieg, sagte er deprimiert zu seiner Frau: »Mir scheint, wir werden heute noch einige Kugerln bekommen.«

Diese »Kugerln« kamen, als das Auto mit dem Thronfolger auf einer Brücke wenden musste. Franz Ferdinand und seine Frau wurden zunächst in den *Konak* gebracht, wo beide verstarben. Dieser *Konak* (das türkische Wort für Residenz) war 1914 der Amtssitz des österreichischen Gouverneurs, heute ist er repräsentatives Palais für Staatsempfänge des bosnischen Präsidenten. Der Doppelmord von Sarajevo wurde, wie sich bald zeigen sollte, zum Beginn des Ersten Weltkrieges, und jene Brücke, auf der Franz Ferdinand und seine Frau den Tod fanden, wurde nach dem serbischen Attentäter die *Gavrilo-Princip-Brücke* benannt. Heute heißt sie wieder »Lateinerbrücke«, obwohl man kurz nach 1992 darüber nachgedacht hat, sie »Franz-Ferdinand-Brücke« zu nennen. Das Haus gegenüber war bis zum Krieg das *Princip-Museum* (eine zynische Provokation gegenüber Österreich), vor dem Haus, in den Bürgersteig eingehauen, sah man die Fußspuren des Mörders.

Mit all dem wollen die Bosniaken heute nichts mehr zu tun haben, das Haus wurde zum Museum für bosnische Volkskunde, und auch der in Beton gegossene Fußabdruck ist entfernt – die Frage drängt sich auf: Kann man so einfach aus seiner Geschichte aussteigen?

»Kugerln« – das ist für mich die Chiffre, die auf mein erstes Jahr als Kriegsreporter in Sarajevo verweist. Die Stadt war im Juni 1992 vollständig von der serbischen Armee umschlossen, niemand kam hinein oder heraus. Ich hatte im Vorort Pale, der Hochburg der radikalen Serben am Rande von Sarajevo, ein langes Gespräch mit dem Stellvertreter von Karadžić, dem Literaturprofessor und Shakespeare-Experten Nikola Koljević, der mir sagte: Es gibt keine Möglichkeit des Zusammenlebens von Serben und Moslems, also muss man die beiden Volksgruppen trennen. Ich war entsetzt, fragte, ob er eine Berliner Mauer durch Sarajevo ziehen wolle, und hakte das Gespräch ab als die Meinung eines serbischen Betonkopfes. Am Ende des Krieges habe ich mich dann aber gefragt, ob es nicht humaner gewesen wäre, tatsächlich so zu verfahren und 200 000 bis 250 000 Menschenleben sowie Sachwerte in Milliardenhöhe zu retten. Vor allem aber wäre der furchtbare Hass vermieden worden, der die Menschen nun für Generationen belasten wird. Denn es gibt hier kaum eine Familie, die keine Opfer zu beklagen hat und die demzufolge ohne ein nationalistisches Feindbild auskommt.

Wie auch immer, Koljević gab mir einen »Persilschein«, einen Brief, der seine Soldaten anwies, mich zu schützen. Und so konnte ich vom Berg Trebević aus beobachten, wie die Soldaten Granate um Granate auf Sarajevo abfeuerten (wobei mir ein Soldat erklärte, dass man sich und seine Familien vor den »Türken« da unten schützen müsse), konnte dann weiterfahren zum Flughafen, der von den Serben beherrscht wurde, um nach Sarajevo hineinzukommen – über die Landebahn, im Windschatten eines serbischen Panzers (in einem nichtgepanzerten Auto, eigentlich eine Verrücktheit).

Die »Kugerln« des Thronfolgers flogen mir selbst um die Ohren, 80 Jahre später allerdings und glücklicherweise geschützt in einem gepanzerten Pkw, der mit den großen weißen Buchstaben »TV« gekennzeichnet war. Es war der Heilige Abend 1992, und obwohl dieser Tag für meine bosnischen Mitarbeiter nicht die Bedeutung hatte wie für mich, wollte ich doch für den Abend, wenn der »Tagesschau«-Beitrag überspielt sein würde, eine kleine Feier organisieren. Zu essen und zu trinken gab es im belagerten Sarajevo nichts, aber der Flughafen wurde von den französischen Blauhelmen überwacht – und wo Franzosen sind, da gibt's auch etwas zu essen und zu trinken. Also fuhr ich zum Flughafen, als Journalist konnte ich ja die serbischen Kontrollen passieren (hin und wieder war als »Geschenk« eine Flasche Whisky oder eine Stange Zigaretten nötig). Nach dem Einkauf fuhr ich zurück, über die »Sniper Alley«, jene berüchtigte Straße, die von serbischen Scharfschützen beherrscht wurde. Plötzlich Gewehrfeuer – und noch bevor ich die Situation so richtig begriffen hatte, sah ich in der Windschutzscheibe die Einschläge, merkte, dass die Reifen plattgeschossen waren. Auch der Kühler hatte einen Einschuss abbekommen, und so fuhr ich, mit dampfendem Motor und auf den Felgen, aus dem Schussfeld – am Fernsehgebäude stellte ich fest, dass neun Einschüsse mein Auto getroffen hatten. An diesem 24. Dezember fühlte ich mich dann wirklich als Christkind.

Wenig später erfuhr ich dann von dem Kurzzeit-Regierungschef in Belgrad, Milan Panić, dass die bosnischen Serben in jener Zeit Kopfgelder auf Journalisten ausgesetzt hatten – es ging ihnen offenbar darum, ihre Untaten vor der Öffentlichkeit zu verbergen.

Diesen Untaten begegne ich bereits im Juni 1992, bei einer ersten Reportage über das belagerte, von Bomben und Granaten zerfetzte Sarajevo: Im Kinderkrankenhaus zeigt mir die Stationsärztin ihre jüngste Patientin, ein drei Monate (!) altes Mädchen mit einer Unterschenkelamputation. Aber hin und wieder können Journalisten auch Sozialarbeiter sein. Als ich den Fall einem italienischen Kollegen erzähle, entschließt er sich spontan, das Kind (dessen Mutter von einer Granate getötet worden war) zu adoptieren – ich bin sicher, das Mädchen ist heute ein lebenslustiger italienischer Teenager. Ich konnte in ähnlicher Weise helfen: Als ich im Frühjahr 1995 wieder einmal im Kinderkrankenhaus drehte und in einem Beitrag für die »Tagesthemen« zeigte, dass ein leukämiekrankes Mädchen und ein Bub mit einem Herzklappenfehler zum Tode verurteilt sind, wenn sie nicht schnell in ein westliches Krankenhaus kommen, ergoss sich eine Woge der Hilfsbereitschaft über die Redaktion in Hamburg und wir konnten mit den Spendengeldern die beiden Kinder, Sanela Hodžić und Admir Spahović, in deutschen Krankenhäusern dem Tod von der Schippe ziehen. Hin und wieder macht Journalismus so richtig Freude!

Viel Anlass zur Freude hatten die Bewohner Sarajevos in dieser Zeit sicherlich nicht. Selbst die von allen Touristenführern als eine besondere Naturschönheit beschriebene Tallage, die schlangenförmige Ansiedlung entlang des Flusses Miljacka und die Tatsache, dass diese Stadt von allen Seiten von hohen Bergen, von Trebević, Igman, Bjelašnica und Jahorina, umgeben ist – alles Berge, die im Jahre 1974 Austragungsorte der Olympischen Winterspiele waren –, erwies sich nach 1992 als fatales Schicksal, denn die Stadt lag für die auf diesen Bergen postierten Kanonen der serbischen Soldateska im Tal unten wie auf einem Präsentierteller. Das lebendige, fröhliche, gemütliche und fortschrittliche Sarajevo, das ich 1990 und 1991 erlebt hatte, wurde dann ab 1992 zu der am längsten belagerten Stadt der Weltgeschichte. Auf normalen Wegen kam niemand heraus und herein, vor allem aber, es kamen auch keine Nahrungsmittel herein (was zum Beispiel dazu führte, dass eine Portion Ćevapčići 25 Mark kostete), die Stadt sollte offenbar ausgehungert werden. Aber der Mut der Verzweiflung ist ein guter Lehrmeister: Die Bosniaken bauten einen improvisierten Tunnel unter der Landebahn des Flughafens, 800 Meter lang, 1,50 Meter hoch und ein Meter breit – er war die einzige Fluchtmöglichkeit für viele Menschen, die aus der Stadt heraus mussten, und die letzte Hoff-

Dieser Tunnel hat unzählige Leben gerettet: Tonnenweise wurden hier während der Belagerung von Sarajevo Lebensmittel in die Stadt gebracht.

nung der hungrigen Stadtbewohner. Tonnenweise wurden auf diesem Wege Nahrungsmittel und Technik in die Stadt gebracht, wurden Menschen vor dem Verhungern gerettet. Heute ist der Tunnel ein Denkmal und eine Erinnerung an die Tapferkeit, die zahllose Leben gerettet hat. Von 1992 bis 1995 war Sarajevo eine Stadt des Sterbens, und trotzdem gab es in dieser Zeit auch Konzerte und Theateraufführungen – Sarajevo war verwundet und verletzt, aber es hat überlebt.

Und selbst die *Baščaršija*, das pittoreske Basarviertel im Zentrum der Altstadt, blieb der Touristenmagnet von Sarajevo, insbesondere, nachdem UN-Soldaten in der Stadt stationiert wurden. Die *Baščaršija* wurde während der osmanischen Zeit 1462 erbaut, heute meint man, seither habe sich kaum etwas geändert, man spaziert durch enge Gassen auf knöchelbruch-gepflasterten Wegen vorbei an kleinen Geschäften mit überfüllten Schaufenstern. Hier in diesen winzigen Häusern kann man den Handwerkern noch über die Schultern blicken, die allerlei Gebrauchsgegenstände für den Alltag produzieren, aber auch Souvenirs und Kitsch. Am beliebtesten sind offenbar die aus Kupfer gehämmerten Tassen und Kännchen für türkischen Kaffee sowie Teller mit den üblichen Sehenswürdigkeiten. Makaber sind für mich jene Erinnerungsstücke, die aus Granatenhülsen produziert werden, man sieht sie jedoch in vielen Geschäften, offenbar gibt es für diese Geschmacklosigkeit sogar einen Markt. Die Gassen sind (oder waren zumindest) jeweils einem bestimmten Handwerk gewidmet, den Goldschmieden, den Kupferhandwerkern, den Teppichhändlern oder den Geschäften für Kleidungsstücke und Lederwaren. Eine ganze Gasse ist der bosnischen Küche vorbehalten – leider gibt es heute im moslemischen Sarajevo nicht mehr die serbischen Ćevapčići mit Schweinefleisch, die mir ungleich besser schmecken als die moslemischen aus Lammfleisch. In all diesen Geschäften ist man nicht nur willkommen, wenn man den Handwerkern bei der Arbeit zusehen will, hier wird man auch gleich eingeladen zu einem türkischen Kaffee und einem Schwätzchen, das sich über Stunden hinziehen kann.

Mittelpunkt der *Baščaršija* ist der Marktplatz mit einem überdachten Brunnen in der Mitte, der weniger von Menschen als von Tausenden von Tauben genutzt wird. Ein paar Schritte weiter liegt eine von den Fremden meist übersehene Kostbarkeit: Die einzig erhalten gebliebene Übernachtungsmöglichkeit aus türkischer Zeit, der *Morića Han*, wo man heute im Innenhof türkischen Kaffee genießen und bosnische Teppiche kaufen kann.

Zur Stadt hin, am Rande des Basarviertels, stoße ich auf die größte und schönste Moschee des Landes, die *Gazi-Husrev-Beg-Moschee* (*Begova džamija*). Sie stammt aus dem

Jahre 1531, wird geprägt durch eine große und fünf kleine Kuppeln und ein 47 Meter hohes Minarett. An der steinernen Außenwand ist ein Wasserhahn angebracht, für religiöse Waschungen, aber jedermann zugänglich. Der Sage nach kommt jeder, der von diesem Wasser trinkt, wieder nach Sarajevo zurück – ich vergesse nie, dort zu trinken ...

In dieser Altstadt erlebt man auch heute wieder jenen Charme, der die Stadt früher zu einem kulturellen Magnet gemacht hat. Die im Jahre 1878 beginnende Herrschaft der Habsburger hat in der Architektur ihre Spuren hinterlassen, aber nicht nur der Stuck, auch das Freizeitverhalten der Menschen weist bis in unsere Tage auf diese Tradition hin – jung und alt trifft sich nach wie vor im Kaffeehaus, in dem man, ganz Wienerisch, zum Kaffee unaufgefordert ein Glas Wasser bekommt.

Insgesamt ist Sarajevo geprägt durch vier Baustile: den orientalischen aus der osmanischen Zeit, den, wie gesagt, der Habsburger und den Stil der Moderne bis hin zur zeitgenössischen Architektur, insbesondere im westlichen Teil der Stadt, die von Geschäfts- und Verwaltungsgebäuden aus Glas und Beton gezeichnet ist. Im Zentrum sind die meisten Gebäude in den Jahren zwischen 1878 und 1945 erbaut worden, wie das Präsidiumsgebäude, die Musikakademie, das Volkstheater, die Zentralbank, die Markthalle, die Akademie der bildenden Künste, das Armeehaus – das 1881 als Offizierskasino eröffnete. Mit anderen Worten: Diese Stadt ist ein lebendiges Museum, in dem die europäische Architekturgeschichte der Neuzeit dem Betrachter an Beispielen vor Augen geführt wird.

Der bedeutendste Profanbau in Sarajevo ist nach wie vor die Bibliothek, das Alte Rathaus. Dieses beliebteste und schönste Gebäude der Stadt wurde 1892 bis 1896 im Neumaurenstil als das Städtische Rathaus der österreichisch-ungarischen Regierung erbaut, zwischen 1918 und 1941 als

Verwaltungssitz genutzt und diente ab 1951 als National- und Universitätsbibliothek.

Am 11. August 1992 ein Schock: Von den Bergen herab schießen die Serben dieses architektonische Schmuckstück in Brand, die gesamte geschriebene Geschichte Bosniens, die hier verwahrt wird, geht in Flammen auf. Ohnmächtig, verzweifelt, voller Wut, Hassgefühle bekämpfend, sehe ich den Feuerwehrleuten zu, die in diesem aussichtslosen Kampf verlieren und doch nicht aufgeben. Welch ein Barbar ist das dort oben am Trebević, der ein Kulturdenkmal dieser Güteklasse vernichten lässt! Mit diesem Herzstück bosnischer Tradition sollen offenbar auch die geistigen Wurzeln der »Türken« ausgelöscht werden. Am Abend sehe ich im Fernsehen den selbsternannten Präsidenten der serbischen Republik (»Republika Srpska«), Radovan Karadžić, der davon predigt, dass die Moslems die Bibliothek angezündet hätten, um die Serben international anzuschwärzen. Er hatte mir einige Tage vorher in einem Interview gesagt: »Serbien ist Gottes Werk, es ist der Fels, an dem Imperien und Weltordnungen zerbrechen.«

Dass dieses Gebäude bisher nur im Innenraum notdürftig restauriert worden ist, ansonsten aber noch immer wie eine Ruine aussieht, gehört zu den traurigen Folgen des Krieges, und ich frage mich angesichts der türkischen Wiederaufbauhilfe bei der Alten Brücke in Mostar, ob nicht auch Österreich hier etwas zu tun hätte an seinem Alten Rathaus.

Heute weitgehend unbeachtet in einem Park: die Büste des Schriftstellers Ivo Andrić. Er machte ein Bauwerk ganz im Osten, an der Grenze zu Serbien, unsterblich: die Brücke über die Drina in Višegrad. Unter Großwesir Mehmed Pascha Sokolović in den Jahren 1571 bis 1578 erbaut, überspannt die Brücke auf einer Gesamtlänge von 180 Metern mit zehn Spitzbögen die Drina in einer Höhe von knapp 15 Metern. Eine Brücke, »die nicht ihresgleichen hat auf der Welt«, wie es auf einer

Inschrift heißt. Der Baumeister Koca Mimar Sinan hatte, wie ich meine, zu Recht den Ehrentitel »türkischer Michelangelo«.

Für seinen Roman »Die Brücke über die Drina« erhielt Ivo Andrić 1961 den Literaturnobelpreis. Geschrieben hatte er das Buch allerdings schon 1945, es war ein Appell an die Vernunft der Menschen, die Brücke wollte er als Symbol für die Verbindung der verschiedenen Kulturen verstanden wissen. Andrić sah damals schon den wiederum aufkeimenden Hass zwischen moslemischen Bosniaken und orthodoxen Serben. Wir wissen heute: Sein Appell verhallte ungehört.

Andrić beschreibt in diesem Buch in allen Details die Konflikte zwischen dem osmanischen Bauherrn, den orthodoxen Christen und den ortsansässigen Moslems sowie die Ängste der Bevölkerung, mit anderen Worten, die Religions- und Gesellschaftskonflikte im Bosnien. Und er siedelt die Ge-

Die Brücke über die Drina: Das literarische Meisterwerk von Ivo Andric war ein Appell an die Vernunft der Menschen – er verhallte ungehört.

schichte an in einer Region, die auch im Bosnien-Krieg der 1990er-Jahre wieder ein zentraler Konfliktpunkt werden sollte. Bei Andrić ist die Brücke nach fünf Jahren fertig gestellt, viele Menschen waren unschuldig gestorben, die Bevölkerung von der Gewalt geprägt und die Kluft zwischen den Christen und den Moslems, die sich vor dem Baubeginn langsam verkleinert hatte, größer denn je – es bedarf keiner Phantasie, in dieser Beschreibung auch die Entwicklung der 1990er-Jahre zu sehen. Andrićs Vision, dass Schwierigkeiten von den Menschen nur bewältigt werden können, wenn diese zusammenhalten, friedlich miteinander leben und arbeiten, durch religiöse Toleranz die Lage bereinigen, war nicht mehr als eine schöne Hoffnung.

Auch Višegrad war in den Jahren 1992 bis 1995 Schauplatz mörderischer Auseinandersetzungen, hier wurden Bosniaken regelrecht abgeschlachtet und – ganz wie es Andrić in seinem Roman beschrieben hatte – in die Drina geworfen. 2005 gab es zwar keine Übergriffe mehr, aber das alte moslemische Ehepaar, das in die nun von Serben beherrschte Stadt zurückgekommen war (aus der es bei Ausbruch des Krieges geflohen war), hatte trotzdem wenig zu lachen. Ich besuchte die beiden, um einen Bericht zu machen über die Flüchtlingsrückkehr, die von offizieller Seite immer frisiert und schöngerechnet wurde. Konflikte, sagten mir die beiden, gebe es derzeit nicht, ein Zusammenleben aber auch nicht: Auf der einen Seite der Straße wohnten die Serben, auf der anderen die Moslems.

Aber es gibt nicht nur Unerquickliches aus dieser Gegend zu berichten. Ganz in der Nähe von Višegrad, in Foča, waren im Jahre 2002 Bundeswehrsoldaten stationiert, zum einen, um Übergriffe zu verhindern, zum andern, um beim Wiederaufbau zu helfen. Die deutschen Soldaten hatten schnell einen guten Ruf bei der Bevölkerung, sogar bei den Serben, die nicht vergessen wollten oder konnten, dass Deutschland beim Auseinanderbrechen Jugoslawiens im Jahre 1991 eine

Vorreiterrolle gespielt hatte. Ich drehte eine Geschichte über Bosniaken, die ins »feindliche« Gebiet zurückkehrten und auch darüber, wie diese Soldaten mit dem schwierigen Umfeld fertig werden. Dass dabei geflachst wurde, versteht sich von selbst. Einer der Offiziere, ein Bayer, erzählte mir seinen größten »Erfolg«: Er werde nun demnächst nach Hause gehen, sagte er: »Wissen Sie, als ich vor drei Jahren hierher kam, wussten die in Foča nicht einmal, was Weißbier ist. Heute haben sie hier fünf Sorten.«

Der Krieg war im Herbst 1995 zu Ende, als die Präsidenten Serbiens (Milošević), Kroatiens (Tuđman) und Bosniens (Izetbegović) auf dem US-Luftwaffenstützpunkt Dayton mit westlichen Vermittlern wie in einem Konklave einen Friedensvertrag aushandelten. Der freilich nicht mehr war als ein Vertrag, der das Ende des Tötens brachte – von Frieden zu sprechen, fällt schwer angesichts der Teilung des Landes in Entitäten. Selbst einer der Teilnehmer dieser Versammlung, Clintons Balkan-Sonderbeauftragter Richard Holbrooke beklagt nun, dass man den Namen »Republika Srpska« zugelassen habe. In der Realität wurden zwei nahezu souveräne Länder geschaffen.

Eine Reise in die sogenannte serbische Republik mit Banja Luka als Hauptstadt ist auch nach dem Krieg kein Vergnügen. Das Regierungsgebäude im neo-byzantinischen Stil im Stadtzentrum stammt aus den 1930er-Jahren, ansonsten sind Sehenswürdigkeiten hier nicht eben gehäuft anzutreffen. Besonders, seit 1993 die *Ferhad-Pascha-Moschee* aus dem Jahre 1579, eines der herausragenden Kulturdenkmäler in Bosnien, der Zerstörungswut serbischer Fanatiker zum Opfer gefallen ist.

Hier in Banja Luka finde ich nur wenige Stimmen, die versöhnlich klingen, selbst der Völkermord von Srebrenica wird nach dem Grundsatz kommentiert, was kümmern mich die anderen, wir haben auch Opfer zu beklagen (so wortwörtlich eine Frau). Und ein Mann sagte mir: »Ich musste meine Wohnung in Sarajevo aufgeben, dann kamen zehn Jahre Quälerei. Aber zurück, zusammenleben mit den Moslems, nein, nie wieder.« Nur wenige zeigen in Banja Luka (und das steht für die gesamte »Republika Srpska«) einen Ansatz von Erkenntnis und Selbstkritik, so wie ein anderer Mann: »Ich bin der Meinung, wir haben alle verloren. Dieses unabhängige Bosnien, mit seinen vielen Opfern auf moslemischer wie auf serbischer Seite – nein, niemand hat von diesem Krieg profitiert.«

Am deutlichsten wird die »Logik des Wahnsinns« (so der Titel eines Balkanbuches von Thomas Brey) an der Nahtstelle von Föderation und serbischer Republik im Außenbezirk von Sarajevo – da, so meint man, stoßen Welten aneinander. Auf der einen Seite die Siedlung im strahlenden Weiß, auf der anderen heruntergekommene, schmutzig-graue Wohnkasernen, davor Unrat, Müll auch auf der Straße. Politischer Anschauungsunterricht: Während die Föderation international durchgefüttert wird, erhalten die Serben ihrer Obstruktionspolitik wegen kaum etwas. Und die Menschen haben's auszubaden!

Aber nicht nur die Feindschaft zwischen Bosniaken und Serben spaltet das Land, auch Bosniaken und Kroaten trennen Welten. Mostar als Beispiel. Auf der einen Seite der Neretva leben Kroaten, auf der anderen Bosniaken. »Mit denen da drüben«, sagte mir eine Kroatin im Sommer 2007, »mit denen will ich nichts zu tun haben.« Sie war, so erzählte sie, noch nie auf der anderen Seite, selbst jetzt nicht, nach dem Ende des Krieges, da dies risikolos möglich wäre.

Zugegeben, der bosniakische Teil Mostars wirkt nicht einladend, mich deprimiert er ständig aufs Neue, der Krieg scheint noch immer präsent zu sein. Rund 80 Moscheen haben die Kroaten niederkartätscht, sie fehlen im Stadtbild. Kaum ein Haus ist wieder aufgebaut, aus leeren Fensterhöhlen wachsen Gras und kleine Birken. »Und neues Leben wächst aus den

Auch Mostar blutet noch immer aus den Wunden, die der Krieg geschlagen hat. Neues Leben wächst nur langsam aus den Ruinen.

Ruinen ...« – so hat's Schiller sicher nicht gemeint. Entlang der ehemaligen Hauptkampflinie beleidigen noch immer, im Sommer 2007, zahlreiche Ruinen meine Augen, die Fassaden blicken mir pockennarbig entgegen, Denkmale eines Krieges. An der »Alten Brücke« treffe ich einen Souvenirhändler, mit dem ich mich schon in Kriegszeiten gerne unterhalten habe und der mit seiner weißen Löwenmähne sofort wiedererkennbar ist. »Wir sind Menschen zweiter Klasse geworden«, klagt er, »früher war mein Pass gut, ich konnte reisen, wohin ich wollte. Aber Europa hat uns ausgesperrt, Europa will uns nicht, wahrscheinlich, weil wir Moslems sind.« Die Europäer, so klagt er, »die reden doch bloß von Hilfe, aber wir bekommen nichts. Alles geben sie denen da drüben!«

Denen da drüben – damit sind die Kroaten gemeint. Die bekommen in Wirklichkeit auch nicht mehr, zumindest nicht von den Europäern. Dass es auf der kroatischen Seite der Neretva besser aussieht, hat etwas zu tun mit der Innenpolitik in Kroatien. Jahrelang hatte die HDZ, die Partei des verstorbenen Präsidenten Tuđman, die Kroaten hier unterstützt, weil man diesen Landstrich aus Bosnien-Herzegowina herausbrechen wollte. Die neue Regierung hat diese Subventionierung eingestellt, nun geht im kroatischen Teil von Mostar die Angst um. Freilich nicht bei den jungen Männern, die die Cafés füllen, jene Muskelpakete, die auf ein Fingerschnippen ihre Designerklamotten mit der Uniform vertauschen können. Derzeit freilich ist ihre Haupttätigkeit »biznis«, das Durchschleusen gestohlener Autos, Drogenvertrieb, Zigarettenschmuggel – es ist eine bizarre Halbwelt, die die Vertreibung anderer Volksgruppen unumkehrbar machen will.

Ein weiteres Beispiel dafür, dass einige nichts aus der Vergangenheit gelernt haben, ist im Gymnasium zu beobachten. Da wurden der bosnische und der kroatische Teil zusammengelegt. Doch was auf den ersten Blick beispielhaft wirkt, ist in Wirklichkeit das Gegenteil: Denn in dieser Schule gibt es nun getrennte Klassen für die verschiedenen Volksgruppen, was dazu führt, dass die bosnisch-kroatischen Schüler mit Schwerpunkt kroatische Geschichte lernen, sie wissen also viel über Vukovar 1991, aber nur wenig über den gemeinsamen Staat, über Srebrenica 1995 – und umgekehrt. Aus der serbischen Republik höre ich ähnliche Beispiele, da wird nach wie vor der serbische Opfermythos gepflegt, die Bösen sind immer die anderen. Was heute fehlt, ist ein Dayton II. So wichtig der Vertrag von Dayton, der das Schlachten beendet hat, auch war, eine Konsequenz, ein Frieden im Sinne des Wortes, ist derzeit nicht erkennbar. Vorläufig ist die Einsicht, in einem gemeinsamen Staate zu leben, leben zu wollen (was ja auch die Voraussetzung wäre für die Anbindung an die Europäische Union) – bei bosnischen Politikern leider sehr unterentwickelt.

Dass es angesichts dieser Situation seit Ende des Krieges nicht wieder zu offenen Feindseligkeiten gekommen ist, darf der NATO-Truppe SFOR (Stablisation Force) gedankt werden, die seit 1996 den Frieden in Bosnien überwacht. Bis zu 60 000 Soldaten (1800 aus Deutschland) waren zeitweise in den verschiedenen Landesteilen im Einsatz, sie waren bei der Bevölkerung hoch angesehen (zumindest in der Föderation) und haben dem »S« im Namen Geltung verschafft – der Frieden in Bosnien wurde tatsächlich stabilisiert. Trotzdem fällt es mir schwer, das Wort »Erfolg« zu verwenden: dass 60 000 hochgerüstete, mit den neuesten Errungenschaften der Militärtechnik ausgestatteten Soldaten nicht in der Lage sind, die beiden Hauptkriegsverbrecher Mladić und Karadžić zu fassen, scheint mir ein Makel. Oder hatte die hohe Politik da ihre Finger im Spiel, wollte man die beiden gar nicht fangen, weil sie zu viel wussten?

Seit dem Jahre 2003 haben die Europäer die Truppe, die mit fortschreitender Entspannung Jahr um Jahr reduziert worden ist, unter ihrem Kommando, derzeit sind noch 2500 Mann im Lande stationiert, die im Wesentlichen Polizeiaufgaben erfüllen und mit Beobachtertätigkeiten die Zeit totschlagen. Ihre Mission ist einfach und schwer zugleich: sie haben dafür zu sorgen, dass die jüngste Vergangenheit Vergangenheit bleibt.

Die jüngste Vergangenheit Jugoslawiens begann am 29. November 1943 in Jajce, einer Kleinstadt in Mittelbosnien. Noch vor Ausbruch des Krieges bin ich hierher gefahren, um jenes Gebäude zu sehen, in dem Tito damals die Versammlung des Antifaschistischen Volksbefreiungsrates auf die Gründung eines sozialistischen Jugoslawien eingeschworen hat. Die Turnhalle, die damals als Versammlungsort diente, wurde zu einem (heute eher nichtssagenden) Museum umfunktioniert, das in den Jahren der Tito-Herrschaft zu einer Pilgerstätte geworden war. Die Enttäuschung über die grau-braunen, dunklen, wenig gepflegten Räume (aber was hatte ich eigentlich erwartet?) wird wettgemacht durch die Sehenswürdigkeiten der Stadt, im gut erhaltenen Stadtkern insbesondere der Turm des heiligen Lukas mit der dazugehörigen Kirche der heiligen Maria und der Bärenturm mit den Katakomben, eine unterirdische Kirche mit Gräbern und Befestigungsanlagen.

Es würde den Rahmen dieses Buches sprengen, wollte ich all die Kulturschätze Bosniens, insbesondere die Kirchen und Klöster der Franziskaner aufzählen, deren Schatzkammern voll sind mit Kunstgegenständen, Volkstrachten und Sammlungen aller Art. Aufgrund der langen Türkenbesetzung des Landes sind viele dieser Klöster, die auf eine lange Tradition zurückblicken, in Kriegszeiten zerstört worden, die heutigen Bauwerke sind meist jüngeren Datums, jedoch ihre Lage – zum Beispiel Fojnica, Rama-Šćit oder Slano, um nur einige zu nennen –, inmitten einer weitgehend intakten Natur, macht diese Klöster zu Juwelen eines multireligiösen Landes.

Und da ist ja noch ein kleines Juwel, an dem die meisten Besucher Bosniens achtlos vorbeifahren: Počitelj, an der Straße von der Küste über die kroatische Grenzstation Metković nach Mostar gelegen. Man muss wohl in der Tat wissen, was sich da seitlich einer kleinen Kaffeebar verbirgt, wenn man hier hält und den steilen Weg in den Ort auf sich nimmt: Man steht in einer mittelalterlichen Kleinstadt, die in den letzten Jahren liebevoll und fachgerecht rekonstruiert wurde und heute von Künstlern aus aller Welt als Arbeitsplatz bevorzugt wird. Bereits im Jahre 1444 wird die Stadt urkundlich erwähnt, man geht jedoch davon aus, dass bereits im 12. Jahrhundert hier eine Siedlung existierte. Počitelj diente ursprünglich als Festung gegen die türkischen Invasoren, wurde von diesen erobert, war ab 1471 türkischer Stützpunkt im Tal der Neretva und blieb – mit einer Unterbrechung von 25 Jahren unter venezianischer Herrschaft – bis 1878 in türkischem Besitz. Neben der Festung aus vortürkischer Zeit sind heute die wieder errichtete Karawanserei, die Moschee aus den Jah-

Nur zu leicht fährt man vorbei: Počitelj, eine Künsterkolonie im Tal der Neretva.

ren 1562/63 und ein türkisches Badehaus zu besichtigen. Und vergessen Sie, lieber Leser, nicht, ganz hinaufzusteigen zum Uhrenturm der Festung – ja, ich weiß, es ist anstrengend, aber der Blick über das Neretva-Tal entschädigt für alle Mühen.

Ein Kapitel über Bosnien wäre unvollständig, würde Srebrenica nicht wenigstens kurz erwähnt. Dieses Buch will sich hauptsächlich mit den kulturellen Highlights beschäftigen, doch von Kultur ist in diesem trostlosen Kaff nichts zu sehen, es wird von Elend beherrscht. Srebrenica wurde weltweit zu einem Fanal, als sich im Sommer 1995 rund 25 000 Bosniaken vor den heranrückenden serbischen Truppen in die »UN-Schutzzone Srebrenica« (eigentlich Potočari) geflüchtet hatten. Die niederländischen Blauhelme mussten dann am 11. Juli 1995 hilflos zusehen, wie General Ratko Mladić und seine Soldaten selektierten, Frauen und Kinder in bereitgestellte Busse, Männer vor die Erschießungskommandos. Mehr als 8000 Buben und Männer wurden damals in einem wohl vorbereiteten, bestens organisierten Massenmord erschossen.

Im Jahre 2005 bin ich bei der Gedenkfeier in Potočari, bei der die Offiziellen die Mitverantwortung für diesen Völkermord eingestehen. Der an Milošević gescheiterte US-Unterhändler Holbrooke spricht davon, dass diese »Tragödie« für das Scheitern der UN und der NATO stehe, der damalige EU-Ratspräsident, der britische Außenminister Straw, erkennt eine »Schmach der internationalen Gemeinschaft«. Und auch der internationale Bosnien-Beauftragte Paddy Ashdown nennt das Versagen »unsere größte Schande«. Schöne Worte – aber nur heiße Luft. Weder die USA noch die UN noch die NATO haben es bisher geschafft, die Verantwortlichen für diesen Völkermord vor Gericht zu bringen.

Mehr als vier Milliarden Euro hat Bosnien seit Kriegsende 1995 erhalten – internationale Hilfe für den Wiederaufbau des Landes, für Schulen, Straßen, öffentliche Gebäude. Ist davon nun ein Fünftel oder nur ein Sechstel in dunklen Kanälen verschwunden? Wer die Entwicklung im Lande verfolgt, hat keinen Zweifel: Während die Mehrzahl der Normalbürger darbten, sahnen einige Schurken kräftig ab. Und die »Hohen Repräsentanten« stehen dem ziemlich hilflos gegenüber, wissen natürlich davon, unterbinden können sie die grassierende Korruption jedoch nicht.

Nichts kann darüber hinwegtäuschen: Wesentliche Ziele des Dayton-Abkommens blieben unerfüllt. Zwar ist die Existenz der Bosniaken, die im Jahre 1992 auf der Kippe stand, heute nicht mehr in Frage gestellt, und darüber hinaus wurde der Föderation der wirtschaftlich wichtige Teil des Landes zugeteilt (Sarajevo, Tuzla, Mostar usw.), sodass nicht einmal mehr von einem Reservat für Moslems gesprochen werden kann. Aber die zentrale Aufgabe des Vertrages, die Einheit des Landes zu gewährleisten, ist in weite Ferne gerückt. Mit der Schaffung der beiden Entitäten, der »Republika Srpska« und der Föderation der Bosniaken und Kroaten haben sich zwei Teile des Staates etabliert, die zusammenzufügen heute schwerer sein wird denn je. Damit nicht genug, durch die Aufteilung des Landes in neun Kantone haben sich Verwaltungsstrukturen etabliert, die zu einem grotesken Ergebnis geführt haben: Bosnien hat heute 13 Regierungen, 160 Minister und über 700 Abgeordnete in den verschiedenen Parlamenten. Dieses bürokratische Monster kostet rund 70 Prozent der Steuereinnahmen – kein Wunder, dass dieser Staat finanziell noch immer am Tropf der internationalen Gemeinschaft hängt.

Im Frühjahr 2008 ist deshalb ein deprimierendes Fazit zu ziehen: Der von »Peace Implementation Council« großspurig angekündigte Übergang von der »Dayton-Ära« zur »Europa-Ära« ist auf Eis gelegt, die Position des mächtigen Hohen Repräsentanten (OHR) – bis Juni 2007 der Deutsche Christian Schwarz-Schilling –, die einem weniger mächtigen Europa-Repräsentanten Platz machen sollte, musste verlängert werden, die europäische Politik versucht in bekannter Weise, die Situation schönzureden. Niemand kann sich mehr über die Erkenntnis hinwegschwindeln, dass die politische Struktur wie ein Bremsklotz auf dem Weg in eine gedeihliche Zukunft wirkt. Keiner hat die volle Verantwortung, weder der OHR noch die heimische Politelite – wer ein Szenario schaffen wollte, um den Status quo zu zementieren, würde genau diese Struktur wählen.

Erhard Busek, der sicherlich beste Kenner des Balkans, hat diese Lage nach Dayton wie folgt skizziert: »Es entstand ein Protektorat, in dem der ›Hohe Repräsentant‹ Politiker ein- und absetzen konnte beziehungsweise Gesetze erließ, ohne eingehende Rechenschaft ablegen zu müssen. Das engte die Zivilgesellschaft ein: Einerseits war es die Fortsetzung der Tradition, dass in Bosnien-Herzegowina alles Wichtige von außen entschieden wird, wie einst im Osmanischen Reich, in der Habsburger Monarchie, im Königreich Jugoslawien und in Tito-Jugoslawien üblich. Andererseits trug die Ohnmacht lokaler Politiker dazu bei, ihren Horizont zu begrenzen, statt sich für Europa zu öffnen. Die Fixierung nach innen nährt nationalistische Egoismen zusätzlich.«

In der »Republika Srpska« gefällt sich der Regierungschef mit nationalistischer Rhetorik, doch auch die Bosniaken in der Föderation versprühen Gift. Die zentralen Ziele: eine Verfassungsreform liegt auf Eis, eine Reform der Polizei, im April 2008 beschlossen, gehört ins Witzblatt statt in die Verfassung, denn es ist eine weitere Zementierung der Teilung. Es scheint jedoch, als seien beide Seiten genau daran interessiert – von einem einheitlichen Staat, wie er in Dayton beschrieben wurde, keine Spur. Im Gegenteil, der Ministerpräsident der serbischen Republik, Milorad Dodik, spricht – wörtlich – davon, dass er »mehr an die Republika Srpska als an Bosnien-Herzegowina« glaube, weil Bosnien-Herzegowina nur durch Zwang errichtet sei. Und Haris Silajdžić, Mitglied im Staatspräsidium und bosnischer Scharfmacher, keilt zurück, dass die »Republika Srpska« umbenannt, eigentlich aufgelöst werden müsse, was für die Serben natürlich eine Provokation ist. Die Bürger im Lande erleben ein Gleichgewicht der Obstruktion.

Was die Situation so deprimierend macht: Die beiden vertreten keine Einzelmeinung, sie sind Lautsprecher für eine Mehrheit im jeweiligen Teil des Landes, der geprägt ist vom Blick zurück, der die Zukunft aus der Froschperspektive der Vergangenheit beurteilt, unfähig, nach vorne zu schauen, die Chancen einer Befriedung wahrzunehmen.

Das Resultat dieser Ignoranz ist, dass immer mehr Menschen, besonders die jungen, keine Zukunftsperspektiven in Bosnien sehen und das Land verlassen wollen. Das Ergebnis: 62,6 Prozent der bis zu 30-Jährigen möchte aufgrund der schlechten wirtschaftlichen und politischen Lage ins

Ausland gehen, und auch zwei weitere Umfrageergebnisse sind erschreckend: 88 Prozent der Bürger bezeichnen die allgemeine Lage als schlecht oder sehr schlecht, und 90 Prozent sind der Meinung, dass im öffentlichen Sektor Korruption herrscht. Größer noch als der extreme Nationalismus scheint heute die Gefahr durch die wirtschaftliche Depression: 45 Prozent der erwerbsfähigen Bevölkerung sind arbeitslos, und es gibt derzeit kein Zeichen, dass sich daran in absehbarer Zeit etwas ändert.

Seit dem 1. Juli 2007 ist nun der slowakische Diplomat Miroslav Lajčák Hoher Repräsentanten der internationalen Gemeinschaft und zugleich EU-Sondergesandter für Bosnien-Herzegowina. Formell ist er damit die höchste politische Autorität im Lande, er kann jeden lokalen Machthaber absetzen, sogar den Staatspräsidenten. Lajčáks diplomatisches Glanzstück, das ihn in den Augen der internationalen Staatengemeinschaft zur ersten Wahl für diese Funktion machte: Im Jahre 2006 sorgte er im Auftrag der Europäischen Union für einen klaglosen Ablauf des Referendums über die Trennung Montenegros von Serbien. Bei seiner Ernennung gab es viel Vorschusslorbeer, doch die hatten seine Vorgänger ebenfalls erhalten – und am Ende kaum etwas gegen die Destruktionspolitik der sogenannten politischen Elite ausrichten können. Zentrale Aufgabe Lajčáks dürfte sein, den Politikern im Lande beizubringen, dass nur der Weg in die EU einen Fortschritt bringen kann.

Aus politischen Gründen, die mit dem Lande selbst nichts zu tun haben, wurde nun endlich ein Stabilisierungs- und Assoziierungsabkommen mit der EU paraphiert – die Voraussetzung für die Mitgliedschaft in der EU. Weiter aber ist man noch nicht. Im Klartext: nur wenn es gelingt, die Akteure von der Konfrontation zur Kooperation zu bringen, ist eine Beitrittsperspektive und damit ein politischer und wirtschaftlicher Fortschritt möglich.

Serbien

Selbstbewusstsein und mehr

WER DA SAGT, WER DA LÜGT, Serbien ist klein – heißt es in einem populären Volkslied, das ich in Belgrad oft gehört habe. Die serbische Politik der 1990er-Jahre hat dazu geführt, dass heute niemand mehr lügt, der Serbien als klein beschreibt. Serbien, das war im Verständnis vieler Serben ja nicht nur die eigene Teilrepublik Jugoslawiens, das war auch Montenegro, dazu gehörten Teile Kroatiens und Mazedoniens. Und natürlich der größte Teil Bosniens. Und das Kosovo, die mystische »Wiege des Serbentums« sowieso. Auf der Grundlage dieses Denkens schaffte Slobodan Milošević seinen Aufstieg vom Banker zum Präsidenten, aus dieser Geisteshaltung heraus sprach der Vorsitzende der Radikalen Partei, Vojislav Šešelj, davon, dass die Grenze Serbiens im Norden in einem Halbkreis von Virovitica an der ungarischen Grenze über Karlovac und Ogulin bis zur Adria bei Karlobag gezogen werden müsse, das heißt – so wörtlich –, dass von Kroatien nicht mehr übrig bleiben dürfe als das, was man von der Kathedrale in Zagreb aus sehen könne. Um es kurz zu machen: Ende der 1980er-Jahre war im Verständnis vieler Serben Jugoslawien ein anderes Wort für Serbien.

Aber eben das war das Verhängnis. Aus einem mächtigen, international geachteten Lande wurde die Mini-Föderation Serbien-Montenegro, die wenigstens einige Jahre noch als Rest-Jugoslawien anerkannt war, und schließlich der traurige Rest: Serbien, am Schluss sogar noch ohne das Kosovo. Tito hatte die Menschen immer auf »Brüderlichkeit und Einheit« eingeschworen, seine zerstrittenen Nachfolger hatten aufgrund der Verfassung aus dem Jahre 1974 (die der Staatsführung ein Rotationsprinzip auferlegte) kaum eine Chance, und als mit Milošević und Tuđman in Serbien und Kroatien zwei Autokraten die politische Bühne betraten, war's um die Einheit geschehen, die Brüderlichkeit hatte ja sowieso nur im Politchinesisch der kommunistischen Herrscher existiert. Nun also hat es Serbien »geschafft«: Es ist klein geworden aufgrund der Kriegstreiberei seiner politischen Führung. Und wiederum geistert jener Märtyrerspruch durchs Land, nach dem die Serben immer Sieger im Krieg sind und Verlierer im Frieden.

Aber auch wenn das Serbien der Chauvinisten oftmals die Schlagzeilen beherrscht, es gibt ja auch das andere Serbien, das der liebenswerten Gastgeber, das der eindrucksvollen orthodoxen Kirchen und Klöster, das der europäischen Kulturgeschichte, die nicht erst mit der Schlacht auf dem Amselfeld im Jahre 1389 beginnt. Serbien, das war vielen Mitteleuropäern immer eine Reise wert, besonders die Hauptstadt Belgrad, aber auch die Sehenswürdigkeiten, die im ganzen Lande verteilt sind.

Beograd, die Weiße Stadt, ist nach langer Herrschaft der Kommunisten zwar nicht mehr weiß, schmutziges Grau hat sich der Häuserwände bemächtigt, schöne alte Bausubstanz ist mit Ausnahme der neoklassizistischen Gebäude des ausgehenden 19. Jahrhunderts sowieso nur spärlich vorhanden, aber die Stadt am Zusammenfluss von Save und Donau hat gerade in den letzten Jahren, nach dem Zusammenbruch des Kommunismus, ein weltstädtisches Flair entwickelt. Als eine der ältesten Städte Europas und zugleich als bedeutender Verkehrsknotenpunkt versteht sich Belgrad als Metropole serbischer Kultur, Bildung und Wissenschaft. Mehrere Universitäten und Hochschulen, Theater, Museen und weitere Kultureinrichtungen haben dazu geführt, dass hier eine Jugend herangewachsen ist, die schließlich die Diktatur von Tito bis Milošević als Ballast empfunden hat – der Umsturz im Jahre 2000 war die logische Folge.

Die Zitadelle über der Stadt gilt als das historische Wahrzeichen von Belgrad. Wie auf einem Keil hoch über der Mündung von Save und Donau erbaut, auf einer Anhöhe, die die Türken »Berg zum Nachdenken« genannt haben, lässt diese Burgruine erahnen, welche Bedeutung Belgrad als Schnittpunkt der Wege nach Ost- und Westeuropa einst hatte und wie wichtig die Verteidigung dieser Stadt damals gewesen sein mag. Was freilich nichts daran ändern konnte, dass Belgrad im Laufe seiner langen Geschichte rund 40 Mal, andere Quellen sagen sogar 50 Mal, zerstört worden ist.

Ein kurzer Blick also in die lange und bewegte Geschichte der serbischen Metropole. Um 279 v. Chr. erstmals als keltisches *Singidunum* schriftlich erwähnt, Ende des 6. Jahrhunderts von den Slawen erobert, ab da taucht der Name »Weiße Festung« oder »Weiße Stadt« erstmals auf. Von nun an wechseln sich Bulgaren, Byzantiner und Ungarn als Herrscher ab. Der erste serbische König, der die Stadt regiert, ist Stefan Dragutin, ein ungarischer Vasall in der Zeit von 1282 bis 1316, erstmals Hauptstadt wird Belgrad unter Stefan Lazarević (1377–1427), der die Stadt großzügig zu einem »neuen Jerusalem« ausbaut. Die Schlacht auf dem Amselfeld im Jahre 1389 kann den Vormarsch der Osmanen nicht stoppen, ab 1521 ist die Stadt Stützpunkt der Türken auf ihrem Weg nach Wien, Kurfürst Maximilian II. Emanuel von Bayern und Prinz Eugen stellen sich ihnen mit zeitlich begrenztem Erfolg entgegen, erst im Jahre 1867 ziehen die letzten Türken ab und von 1882 an ist Belgrad königliche Hauptstadt der Serben.

Eng verflochten mit dem letzten Teil dieser Geschichte ist diejenige der Festung der Stadt, die zumeist als identisch mit dem Park *Kalemegdan* gesehen wird. Diese Bezeichnung ist türkisch und bedeutet Festungsfeld, sie bezieht sich heute le-

Blick auf den »Hügel zum Nachdenken«: die Festung im Park Kalemegdan

diglich auf das Plateau rings um die Zitadelle, war jedoch eigentlich das Gebiet zwischen Festung und Stadt. Gegen Ende des 19. Jh. wurde dieser kulturhistorische Komplex umgestaltet, es entstand der schönste und größte Park Belgrads. War die Bastion einst der militärische Hauptstützpunkt der Stadt, so diente das Plateau dazu, den Feind zu beobachten, um ihm kampfbereit die Stirn bieten zu können. Die Festung selbst, der größte Denkmalkomplex in Belgrad, hat wegen ihrer außerordentlich wichtigen strategischen Lage eine lange Geschichte, beginnend mit dem ersten Jahrhundert, als die Römer hier ein Castrum errichteten. Fürst Lazarević weitete die Festung in Unter- und Oberburg aus, er ließ sich in der Anlage ein Schloss bauen und unten an der Save einen Militärhafen anlegen. Unter österreichischer Herrschaft von 1717 bis 1739 wuchs die Belgrader Festung schließlich zu einem der stärksten Militärstützpunkte Europas heran. Ende des 18. Jahrhunderts erhielt sie ihre endgültige Form, heute beherbergt sie das Stadtmuseum, im Despotentor, dem am besten erhaltenen Teil der Festung, ist ein Observatorium untergebracht.

Genug der Historie! Insbesondere nach dem Zweiten Weltkrieg hat sich Belgrad schnell weiterentwickelt und ausgedehnt. Nicht zuletzt aufgrund von Titos Politik der Blockfreiheit wurde Beograd mit seinen 1,8 Millionen Einwohnern eine Metropole nicht nur von europäischem, sondern von internationalem, weltweitem Rang. Abgesehen von Neu-Belgrad, der Satellitenstadt im Nordosten mit ihrem tristen Charme aus sozialistischer Einheitsarchitektur, bietet die serbische Hauptstadt durchaus ein ansehnliches Bild, die Altstadt mit ihren engen Gassen und verwinkelten Plätzen könnte eine Attraktion sein, würde sie endlich restauriert. Keine Sehenswürdigkeit und doch ansehenswert ist der um 1830 erbaute *Konak* der Fürstin Ljubica, der Frau des Fürsten Milos Obrenović, ein stattliches Wohnhaus, vom Stil her typisch für das Wohnen der Balkan-Oberschicht des 18. und frühen 19. Jahrhunderts. Für ein Beispiel der heutigen Balkan-Lebensfreude empfehle ich einen Besuch des Künstler-Viertels Skadarlija, des alten böhmischen Stadtteils, das zum Treffpunkt der Schriftsteller, Schauspieler, Maler und Journalisten geworden ist. Es heißt, in diesem Boheme-Viertel, das die Belgrader in ungebrochenem Selbstbewusstsein mit dem Pariser Montmartre vergleichen, würde man die schönsten Tage in der Nacht verbringen.

Der attraktivste Teil der Stadt ist die Fußgängerzone, die *Knez Mihajlova*, mit einer Reihe repräsentativer Gebäude aus dem letzten Drittel des 19. Jahrhunderts. Unter der Herrschaft der Türken befanden sich hier Bazare, Brunnen und Moscheen. Heute ist diese Straße gesetzlich geschützt als städtisches Denkmalensemble.

Aus der Reihe der repräsentativen Bürgerhäuser ragt das Palais der Serbischen Akademie der Wissenschaften und Künste im Stile der Wiener Sezession heraus, mit dem ich eine eigene Geschichte verbinde. Es war im Jahre 1996, als ich dort zu einer Podiumsdiskussion über den Balkankrieg, seine Ursachen und Folgen eingeladen war. Dazu ist vorauszuschicken: Die Akademie hatte im Jahre 1986 ein sogenanntes

»Memorandum« über die Lage in Jugoslawien herausgegeben, in dem die »wirtschaftliche Diskriminierung Serbiens«, die »Unterdrückung der Serben in Kroatien« und der »Völkermord an den Serben im Kosovo« beklagt wurden. Der Begriff »Genozid« war damit als Kampfbegriff eingeführt, serbischen Chauvinisten diente das »Memorandum« fortan als Bibelersatz und Milošević, damals noch im orthodox-kommunistischen Denken verhaftet, kritisierte im Stile der Moskauer Betonköpfe: »Das Auftauchen des Memorandums der Serbischen Akademie der Wissenschaften und Künste repräsentiert nichts anderes als den dunkelsten Nationalismus. Es

An der Kathedrale des heiligen Sava wurde fast 100 Jahre gebaut.

bedeutet die Liquidierung des gegenwärtigen sozialistischen Systems in unserem Land, es bedeutet die Desintegration, nach der keine Nation oder Nationalität überleben kann.« Das hinderte ihn freilich nicht, wenig später den Nutzen des »Memorandums« zu erkennen und es als Quasi-Parteiprogramm in demagogischer Weise auszuschlachten.

In der erwähnten Podiumsdiskussion sprach ich denn auch (vor rund 200 Zuhörern) davon, dass dieses »Memorandum« zum Auseinanderbrechen Jugoslawiens und zum Krieg geführt habe. Wütender Protest eines älteren Herrn (wie ich erfuhr, Prof. Mihajlo Marković, eines Mitverfassers des »Memorandums«), im Saal Unmutsäußerungen, es entstand aggressives Gemurmel – der neben mir sitzende Aleksa Đilas (Sohn des legendären Stalin-Mitstreiters Milovan Đilas) sagte nur einen Satz, der die Unruhe im Saal jedoch sofort beendete: »Herr Kleinert hat recht!«

Im Jahre 2000 stehe ich wieder einmal vor diesem eleganten Gebäude, in der Eingangshalle lese ich die Namen der Präsidenten der Akademie seit 1881, die auf einer Marmortafel festgehalten sind. Als ich die kyrillischen Buchstaben entziffere, spaziert ein Herr auf mich zu, fragt woher ich komme. Jaja, meint er, ich sollte mich nur umsehen, dieses Haus sei wichtig für Jugoslawien – für das neue Jugoslawien, betont er. Wie lange es dieses neue Jugoslawien noch geben mag, sagt er nicht. Wie wir heute wissen, es endete im Jahre 2006.

Wie dieses Haus heute von innen aussieht, hat Michael Martens in der »Frankfurter Allgemeinen« vom 4. Januar 2007 recht eindrucksvoll beschrieben: »Im Gebäude von Serbiens Akademie der Wissenschaften teilen sich Pracht und Verfall die Herrschaft: Ein imposantes Treppenhaus führt zu dunklen Gängen mit abblätternder Wandfarbe, wenige Schritte von eleganten Rauchsalons mit Mahagonimöbeln und kostbaren Teppichen kann man auf verstaubte Kammern mit undichten Fenstern und abgeschabtem Parkett stoßen. All das muss irgendwann einmal unbemerkt aus der Zeit gefallen sein. Wer hier täglich arbeitet, bemerkt den Gegensatz von angejahrtem Glanz und alltäglicher Zersetzung wahrscheinlich bald nicht mehr. Es fiele auf den ersten Blick auch kaum auf, wenn die Gelehrten und Professoren, die hier hinter ihren Schreibtischen trüb über Büchern brüten, aus Marmor wären. Doch die Akademie ist nicht so vorgestrig, wie sie wirkt. Bis heute ist sie neben und oft im Einklang mit der serbischen orthodoxen Kirche die mächtigste intellektuelle Institution des Landes, eine Bastion. Hier wird Serbien gedacht.«

Nur ein paar Schritte sind es von der Fußgängerzone hinüber zum »Platz der Republik«. Vor 1835 war dieser Platz, der hinter einem der Stadttore Belgrads liegt, unbewohnt, durch den Abriss des Tores erhielt man Material für den Bau des Nationaltheaters. Kaum vorstellbar heute die Historie dieses Platzes: Geschäftiges Treiben überall, der Autoverkehr eine einzige Blech- und Abgaskatastrophe, ein paar Müßiggänger lungern herum, ein paar herrenlose Hunde suchen Fressbares, ein paar Tauben picken Brotkrümel. Nichts deutet heute noch darauf hin, dass sich hier im Jahre 2000 bis zu 800 000 Menschen versammelt hatten, deren einziges Ziel es war: Weg mit dem verhassten Diktator. »Gotov je!« – er ist fertig, skandierte die Menge damals, die sich da rund um das Reiterstandbild des Fürsten Mihajlo Obrenović versammelt hatte. Ich hörte damals die ersten, noch unbeholfenen Reden des neuen Präsidenten Koštunica und kann bis heute nur schwer verstehen, dass dieser Mann mit einer Geisteshaltung, die dem Chauvinismus eines Miloševićs nicht sehr fern ist, sich als Ministerpräsident halten kann.

Gegenüber das Nationaltheater – ein weiteres Zeichen dafür, dass Serbien Teil Europas ist. Gebaut in den Jahren 1868/69 auf Anweisung des Fürsten Mihailo Obrenović, ist der Bau der Mailänder Scala nachempfunden, deren Renais-

Das Parlament in Belgrad, Neoklassik mit Elementen aus der Renaissance

sancekonzeption und dekorative Bearbeitung übernommen wurden. Auf dem Programm stehen hier neben serbischen Stücken Schauspiele und Opern wie überall in Europa. Wann immer ich das elegante Foyer betrete, habe ich den Eindruck, in diesem Theater ist europäische Kultur zu Hause.

Vor der neoklassizistischen Fassade bietet ein Blumenverkäufer seine Ware an, er macht gute Geschäfte, für mich auch ein Zeichen dafür, dass sich die Menschen, trotz drückender Armut, ihren Sinn für Kultur erhalten haben. Doch das ist nur die eine Seite. Die andere ist die um sich greifende Armut. Überall sitzen auf den Bürgersteigen Bettler, sind andauernd jene armseligen Gestalten zu sehen, die in Abfallkörben nach etwas Verwertbarem suchen, ist die grassierende Not an den verhärmten Gesichtern abzulesen. Wen wundert's, die Arbeitslosigkeit liegt bei etwa 22 Prozent, der Durchschnittslohn der Arbeiter in Belgrad beträgt umgerechnet etwa 400 Euro, Rentner erhalten 100 bis 150 Euro, und die Preise steigen unaufhörlich. Brutaler Kontrast daneben die Yuppies, die Reichen und Schönen, die mit mehreren Handys »bewaffnet« in dicken geländegängigen Nobelkarossen (bei uns SUV genannt) rasant unterwegs sind, gut gekleidet, mit Schmuck behängt und mit geborgter Noblesse als Neureiche erkennbar. Der Verdacht liegt nahe, dass es Mitglieder jenes mafiösen Klans sind, der in den letzten Milošević-Jahren das Land regierte, nein ruinierte, und der bis heute noch nicht eliminiert werden konnte. Von Normalisierung ist bisher jedenfalls nicht zu sprechen, obwohl ein Teil des politischen Establishments dies durchaus versucht.

Wie man hier trotzdem überleben kann, habe ich am Beispiel eines Mitarbeiters erfahren. Er hatte in Deutschland eine neue Telefonanlage für das Büro gekauft und wollte diese von PTT, der serbischen Telekom, so rasch wie möglich installieren lassen. Der PTT-Mann aber wehrte ab, viel Arbeit, es würde wohl ein halbes Jahr dauern. Aber, so sagte er dann auf den Protest des Kunden hin, er habe eine eigene Firma, die könne das Telefon auch installieren, das kostet dann zwar etwas mehr, würde aber noch am gleichen Tage erledigt …

Vom Platz der Republik sind es nur ein paar Hundert Meter hinüber zum Bundesparlament, einem Monumentalgebäude der Neoklassik mit Renaissance-Elementen. Dies ist der Ort, an dem im Jahre 2000 das Regime Milošević von den Massen davongejagt wurde. Das Gebäude, für das im Jahre 1907 König Petar I. den Grundstein gelegt hat, wurde nach Krieg und Krisen erst 1936 fertig gestellt. Den Umsturz am 5. Oktober 2000 hat es weitgehend schadlos überstanden. Als ich kurze Zeit später an dieser Stelle war, konnte ich noch die großen Ziffern am Eingang lesen: 5. X 2000 stand da, und auf einer Säule »Revolution«. Damals wagte niemand, die Graffiti wegzuwaschen, man war stolz auf jenen 5. Oktober, an dem das Schicksal der Serben eine neue Wendung zu nehmen schien. An einigen Fenstern im ersten Stock waren damals Rauchspuren zu sehen, sie sind längst übertüncht – und wenn man die Erfolge der »Radikalen Partei« bei der Wahl am 21. Januar 2007 betrachtet, kann man dies symbolhaft deuten. Dass inzwischen sogar ein Parteigänger des Kriegsverbrechers Šešelj mit der Hilfe Koštunicas zum Parlamentspräsidenten gewählt werden konnte (er war es dann freilich nur wenige Tage), ist ebenfalls ein Menetekel der serbischen Politik in der Folge der »Revolution«. Angesichts dieser Entwicklung erinnere ich mich an die Zeit Mitte der 1990er-Jahre, als Straßenhändler überall in der Stadt Tschetnik-Kappen verkauften (und dabei gute Geschäfte machten) und in meinem Lieblingsrestaurant an der Save eine Vier-Mann-Kapelle die Gäste mit serbischen Heldenliedern zudröhnte: »Wer da sagt, wer da lügt, Serbien ist klein ...«

Ich gehe hinunter, es sind nur ein paar Schritte, zur *Terazije*, einem der zentralen Plätze in Belgrad. Bis ins erste Viertel des 19. Jahrhunderts war dieses Gebiet außerhalb des Stadtgrabens gelegen, ein Sumpf und brachliegende Felder. Der Name des Platzes weist auf die Türkenherrschaft hin, hier standen Wassertürme, die die Türken *Terazije* nannten. Bei einer Kundgebung der Milošević-Partei Anfang 1992 (Deutschland hatte damals eine Vorreiterrolle bei der Anerkennung von Kroatien und Slowenien eingenommen) war ich hier als Deutscher erkannt worden, mit Mühe konnten mich Polizisten aus der Menge bugsieren, die mich zu verprügeln drohte.

Ende des 19. und Anfang des 20. Jahrhunderts war die *Terazije* das Zentrum des gesellschaftlichen Lebens von Belgrad, heute findet sich am Rande des Platzes ein McDonald's-Restaurant auf zwei Etagen. Was bedeutet, auf der *Terazije* ist zu jeder Tageszeit und (fast) zu jeder Nachtzeit eine Geschäftigkeit wie in einem Ameisenhaufen: Massen von jungen Leuten, die Nike- und Adidas-Generation, stopft sich voll mit Junkfood und gefällt sich in amerikanischem Lebensstil. Wenn Milošević und seine Schergen etwas von Massenpsychologie verstanden hätten, sie hätten nie versucht, dieser Jugend jene alberne Verschwörungsthese einzubläuen, dass die Amerikaner den Zerfall Jugoslawiens gezielt, aus politischen Gründen, herbeigeführt haben. Am Ende war es eben diese Jugend, die das Regime zum Teufel gejagt hat. Um so bedauerlicher, dass nun nationalistische Hetze jugendliche Hitzköpfe dazu verführt hat, die McDonald's-Restaurants bei den Demonstrationen gegen die Selbständigkeit des Kosovo zu verwüsten.

Und da ist ja auch noch die bizarre Geschichte des serbischen Herrscherhauses im 20. Jahrhundert. Als die Deutschen 1941 Jugoslawien besetzten, floh König Petar II., der nach einem Attentat auf seinen Vater 1934 im Alter von elf Jahren die Königswürde übernommen hatte, nach London, wo er am 20. März 1944 Prinzessin Aleksandra von Griechenland und Dänemark heiratete. Ein Jahr später erblickte Kronprinz Aleksandar das Licht der Welt – auf heimischer Scholle, denn Winston Churchill ließ die Suite 212 des Claridg's Hotels kurzerhand zum jugoslawischen Territorium erklären. Und auch die Patentante des Kronprinzen war ganz standesgemäß: die englische Königin Elisabeth II. Heute lebt Aleksandar, der auf den Thron nie verzichtet hat, aber in kommunistischer Zeit hier nicht leben durfte, standesgemäß im Belgrader Nobelviertel Dedinje (erst seit dem Sturz Miloševićs darf er in Serbien wohnen), spricht serbisch noch immer mit englischem Akzent, absolviert ein majestätisches Arbeitsprogramm und gibt sich als Repräsentant Serbiens. Übrigens: Schon bei seiner kurzzeitigen Rückkehr aus dem englischen Exil im Jahre 1991 war er von einer großen Menschenmenge umjubelt worden.

Die serbischen Herrscher hatten und ihr Volk hatten schon immer ein besonderes Verhältnis zueinander – aber auch zur

Religion. So auch der heilige Stefan. Im ausgehenden Mittelalter kam Stefan Nemanja (1185–1199) an die Macht, er gilt als der Begründer der serbischen Herrscherdynastie der Nemanjiden, die bis 1371 wirkte und zunächst zwischen katholischem und orthodoxem Ritus schwankte. Erst einer ihrer großen Söhne, Sava, organisierte die vom griechischen Patriarchat unabhängige serbisch-orthodoxe Kirche, weshalb er heute als Nationalheiliger verehrt wird. Als Träger der serbischen Kultur haben die Nemanjiden eine ganz eigene kirchliche Architektur entwickelt, den serbisch-byzantinischen Stil, der sich durch den Einfluss von Romanik und Gotik deutlich vom byzantinischen Vorbild unterscheidet.

Schon Stefan Nemanja und – intensiver noch – seine Nachfolger, reich geworden durch Bergbau, gründeten ihres See-

Das 1208 von König Stefan II. gegründete Kloster Žiča bei Kraljevo gilt als eines der bedeutendsten Klöster in Serbien.

lenheils wegen jene berühmten Klöster mit den freskengeschmückten Kirchen, die wir auch heute noch ehrfürchtig bestaunen. Zum Beispiel das St.-Georgs-Kloster bei Novi Pazar, 1168 von Stefan Nemanja gegründet, im 13. Jahrhundert von König Dragutin erweitert. Die Fresken dieser Kirche, hervorragende Beispiele der serbischen Monumentalmalerei um 1200, sind stark beschädigt und zum Teil ins Belgrader Nationalmuseum gebracht worden. Am Entstehungsort erhalten sind jedoch äußerst plastisch wirkende Figuren von Propheten und Heiligen unter den gemalten Arkaden. Im ersten Balkankrieg 1912 wurde das Kloster, tragischerweise – ausgerechnet durch serbische Artillerie – fast zerstört, erst im Jahre 1947 wurde es größtenteils restauriert.

Eines der schönsten Klöster Serbiens habe ich auf dem Weg ins Kosovo, ein paar Kilometer nördlich von Novi Pazar entdeckt: Kalenić. Im Jahre 1415 gegründet, wurde es im 18., 19. und im 20. Jahrhundert sorgfältig und aufwändig restauriert. Inmitten dichter Wälder gelegen, in einer geradezu himmlischen Ruhe und Abgeschiedenheit, scheint mir die Kirche dieses Klosters die wohl schönste in Serbien zu sein. Ich betrachte staunend die Wände dieser Kathedrale, deren Ornamentik alles übertrifft, was ich je in dieser Art gesehen habe. Man steht voller Bewunderung vor dieser Kirche, die vor dem Betrachter emporzuwachsen scheint zu den beiden überkuppelten Zentren, die durch ein System halbrunder, ornamental abgesetzter Giebel gleichsam umkränzt und hervorgehoben werden. Im Kircheninneren mag man sich kaum trennen von den Fresken aus dem 15. Jahrhundert, die – da offenbar liebevoll und mit großem Sachverstand restauriert – eine Klarheit und Farbigkeit aufweisen, wie ich sie nur noch in mazedonischen Kirchen gesehen habe. In diesen spätbyzantinischen Fresken finden sich bereits Anklänge an die Gotik, so bei dem Monumentalgemälde der Hochzeit zu Kana.

Ein Stück südlich ein weiteres dieser formvollendeten harmonischen Bauwerke: Die Kirche des heiligen Stefan in Kruševac, gestiftet im Jahre 1376 vom serbischen Fürsten Lazar anlässlich der Geburt seines Sohnes Stefan. Lazar gründete im Jahre 1371 auch die Ortschaft, die er zur Hauptstadt seines Imperiums bestimmte, hier versammelte er seine Soldaten für die Schlacht auf dem Amselfeld. Nachdem er in dieser Schlacht gefallen war, verlegte sein Sohn die Hauptstadt in das sicherer scheinende Belgrad. Lazar ließ die Kirche innerhalb einer heute verfallenen Burganlage erbauen. Wie in Kalenić so sind auch hier die Außenwände mit prachtvoller Ornamentik verziert, man erkennt figürliche Motive, Vögel, Fantasietiere, Seraphe, aber auch florale und abstrakte Ornamentik, Flechtbänder, Palmetten, Rosetten. Enttäuschung dann im Inneren: Die Fresken wurden in der Osmanenzeit abgeschlagen, nichts deutet darauf hin, dass hier – wahrscheinlich ähnlich wie in Kalenić – prächtige Fresken einst die Wände zierten.

Auch wenn hier aus Platzgründen nur drei dieser Klöster beschrieben sind, Serbien und hier insbesondere der Teil südlich von Belgrad, inklusive des Kosovo, ist voll dieser Abteien, von denen jede einzelne eine Reise wert ist. Ravanica (wo die sterblichen Überreste von Lazar 300 Jahre ruhten), Studenica (von Stefan Nemanja Ende 12. Jahrhundert gegründet), Mileševo (als Mausoleum für den heiligen Sava gegründet), Sopočani mit seinen gut restaurierten Fresken, Dečani, eines der größten Bauwerke der serbischen Architektur im Mittelalter mit den wunderbaren 365 Fresken (die den Jahresablauf beschreiben), Ljubostinja, eines der schönsten Beispiele für den Morava-Stil – die Aufzählung ließe sich fortsetzen (auf Peć komme ich noch im Kapitel über das Kosovo zurück).

Wer zur Abwechslung einmal auf den Spuren der Römer wandeln möchte, sollte ganz in den Osten Serbiens, fast bis

Der »weiße Engel« in der Klosterkirche Christi Himmelfahrt in Mileševo: eine von spätantiker Kunst beeinflusste monumentale Komposition

and die Grenze zu Bulgarien fahren. Nahe Zaječar findet man in Gamzigrad Reste des Römerkastells *Felix Romuliana* aus dem 3. Jahrhundert, der bevorzugten Residenz des Kaisers Galerius. Im 4. Jahrhundert erweitert unter Konstantin dem Großen, als strategisch günstig gelegenes Castrum, aber auch als Verwaltungszentrum genutzt, wurde es im 6. Jahrhundert von den Slawen und Awaren zerstört. Die seit 1953 betriebenen Ausgrabungen brachten unter anderem Villen mit wunderbaren Mosaiken, Bäder und Stadttore zum Vorschein. Türme, Mauern und Eingangfronten waren arkadengeschmückt und mit Bauornamentik verziert. Die gesamte Anlage lässt drauf schließen, dass es sich hier um eine der bedeutendsten Metropolen des Balkans gehandelt haben muss. Außerhalb der Befestigungsmauern hat man auf einem Hügel die Grabstätten von Galerius und seiner Mutter entdeckt. Und das Beste an diesem Zeugnis der Spätantike: Es ist alles gepflegt, hier sind offenbar Historiker am Werk, die nicht nur mit Sachkenntnis, sondern auch mit Liebe für den Erhalt dieses wunderbaren Platzes gesorgt haben.

Auf dem Weg nach Zaječar darf man nicht versäumen, in Niš Halt zu machen, allein die monumentale Festung ist schon einen Besuch wert. Das antike Naissus, das die Römer im Jahre 75 eroberten (Illyrer und Kelten hatten zuvor hier gesiedelt), wurde nach und nach zu einem der wichtigsten Heerlager am Balkan. In der Schlacht von Naissus konnten die Goten in den Jahren 269/270 von den Kaisern Claudius Gothicus und Aurelian für knapp einhundert Jahre an die Donau zurückgeworfen werden.

Die Kaiser Konstantin der Große und Constantius III. sind hier geboren worden. Von den Hunnen im 5. Jahrhundert zerstört, wurde die Stadt als Naissopolis unter Kaiser Justinian im 6. Jahrhundert wieder aufgebaut. Im Mittelalter zogen die Kreuzritter durch die inzwischen serbische Stadt, 1189 trafen sich hier Friedrich Barbarossa und Stefan Nemanja.

Das Römerkastell Gamzigrad aus dem 3. Jahrhundert: Hier lag eine der wichtigsten Metropolen auf dem Balkan.

All diese Sehenswürdigkeiten habe ich erst nach dem Ende der Kriege genießen können, zuvor hatte mir die aktuelle Berichterstattung keine Zeit für Kulturausflüge gelassen. In den Jahren zwischen 1995 und dem Kosovo-Krieg 1999 aber, da konnte ich auch die eine oder andere Kulturreportage unterbringen und somit die Plätze aufsuchen, die mir eigentlich am Herzen liegen. Doch diese Atempause währte nur kurz, schon zeichnete sich die nächste Krise ab, und schon wieder war ich mehr Kriegsreporter als Korrespondent mit Kulturinteresse.

Trauriger Höhepunkt der Krise um Jugoslawien war die Intervention der NATO im Jahre 1999, nachdem die serbischen Streitkräfte im Kosovo eine groß angelegte Vertreibungsaktion begonnen hatten. Mit Luftschlägen versuchte man, dem Terror der Armee Einhalt zu gebieten, Milošević zum Einlenken zu zwingen. Dass dabei nicht nur die Kasernen im Kosovo, nicht nur Armeegebäude in Belgrad, sondern auch die Donaubrücken in der Vojvodina zerbombt wurden,

Mit der Zerstörung der Brücken in Novi Sad hat die NATO im Jahre 1999 den gesamten Schiffsverkehr zwischen Nord-

mag verstehen, wer es kann! Ich kann es nicht, denn in der Vojvodina, insbesondere in der am meisten geschädigten Stadt Novi Sad (dem früheren Neusatz) lebten zu diesem Zeitpunkt die engagiertesten Gegner des Belgrader Diktators. Was wohl auch etwas zu tun haben mag mit der Tatsache, dass hier bis zum Ende des Zweiten Weltkrieges rund 500 000 Volksdeutsche lebten (heute reduziert auf gut 5000) und insgesamt 26 Volksgruppen und nationale Minderheiten sich dem nationalistischen Furor der Serben von vorn herein verweigerten.

Der unerforschliche Ratschluss der NATO-Generäle, die diese sinnlose Zerstörung der Brücken zu verantworten hatten, war nicht nur fatal für Novi Sad, sondern für den gesamten Schiffsverkehr zwischen der Nordsee und dem Schwarzen Meer. Der bis dahin trotz aller Krisen funktionierende Frachtverkehr auf der Donau wurde lahm gelegt, als die Betonteile der beiden Brücken die Donau wie ein riesiger Riegel blockierten, zahlreiche Frächter in Österreich und Deutschland standen kurze Zeit später vor dem Ruin.

see und Schwarzem Meer lahmgelegt. Erst seit 2005 ist die Stadt durch die Freiheitsbrücke wieder vereint.

Novi Sad ist eine reizende Stadt, in der man den Einfluss Mitteleuropas stärker spürt als in allen anderen Städten Serbiens. Die Donau teilt Novi Sad in das eigentliche Zentrum auf der einen Seite des Flusses und den nördlichen Stadtteil am Fuße der Festung *Petrovaradin* (früher Peterwardein) auf der anderen. Abgesehen von den gotischen und barocken Kirchen im Stadtzentrum ist die Zitadelle jederzeit einen Besuch wert – von hier hat man einen herrlichen Blick weit über das Donautal und die inzwischen wieder hergestellten Brücken der Stadt. Diese Festung, erbaut in den Jahren 1692 bis 1780, war Jahrhunderte lang einer der wichtigsten Verteidigungspunkte der Habsburger gegen die Osmanen. Die Burg war noch im Bau, als Prinz Eugen und die Venezianer dem türkischen Heer im Jahre 1716 in der Schlacht bei Peterwardein eine vernichtende Niederlage beibrachten.

Bei einer Drehpause im Oktober 2005 (ich will den Wiederaufbau der Brücke und die feierliche Eröffnung dokumentieren) sitze ich mit Freunden in einem Café in dieser Festung, der

Blick geht hinunter auf die träge dahinfließende Donau, auf die fast fertig gestellte »Freiheitsbrücke«, die nun (ab dem 11. Oktober) das Provisorium der Pontonbrücke ablösen wird. Natürlich wandern die Gedanken auch zurück zum Jahr 1999, eine Diskussion entsteht, welche Gründe es für die Zerstörung gegeben haben mag, niemand konnte doch annehmen, dass Milošević über diese Brücken Hilfe aus Ungarn hätte bekommen können – das ganze Team ist sich einig im Unverständnis dieser Verwüstung. Um so erfreulicher, dass wir nun unten die neue Brücke sehen und wissen, Novi Sad ist wieder das, was es vor den NATO-Angriffen war: eine Stadt.

Eine Betrachtung der Stadt im kulturellen Sinne ist Požarevac eigentlich nicht wert. Wenn ich hierher fahre, in den Osten des Landes, fast an die rumänische Grenze, dann hat dies einen politischen Grund: Hier wurde Milošević im Jahre 1941 geboren (und hier liegt er seit seinem Selbstmord am 11. März 2006 im Kriegsverbrechergefängnis in Den Haag auch begraben, unter einer Linde, vor der Terrasse seines Hauses). Das frühere Passarowitz wurde bekannt durch den hier geschlossenen Frieden im Jahre 1718 zwischen Österreich/Venedig und der Türkei – Prinz Eugen hatte im Jahr zuvor Belgrad eingenommen und die Türken bei Peterwardein besiegt. Immerhin gibt es in Požarevac ein Nationalmuseum mit einer bedeutenden Sammlung römischer Sarkophage und Skulpturen. Der im Jahre 251 in Rom zum Augustus erhobene Sohn des Kaisers Decius, Hostilianus, der bald darauf an der Pest starb, soll in einem der hier aufgefundenen Mausoleen bestattetet worden sein.

Ich gehe allerdings nicht ins Museum, sondern zum Anwesen des serbischen Despoten, weil ich einen Blick werfen will auf das großzügige Anwesen, das die Familie Milošević hier besitzt. Freilich, viel ist nicht zu sehen, hohe Mauern schützen vor allzu neugierigen Journalistenaugen. Seit der

Flucht von Mirjana Marković (Miloševićs Frau) im März 2003 ist das Haus nur noch von einem Gärtner bewohnt, der Besucher an einem Kondolenzbuch vorbei zum Grab des Despoten geleitet, angeblich kommen sogar »viele«, die hier Heiligenverehrung treiben wollen.

Nur am Rande: Die serbische Regierung ließ Milošević am 1. April 2001 festnehmen und am 28. Juni an das Kriegsverbrechergefängnis nach Den Haag überstellen. Ausgerechnet am 28. Juni, dem symbolträchtigen Veitstag, einem serbischen Feiertag. Für Milošević mag dies eine ganz besondere Schmach gewesen sein, Ministerpräsident Đinđić dürfte dagegen diesen Tag bewusst ausgewählt haben, als einen doppelten Feiertag für die Serben.

Der *Vidovdan*, der Tag des heiligen Veit, ist auf seltsame Weise mit dem serbischen Volk verstickt. Es war nicht nur jener 28. Juni 1389 auf dem Amselfeld, es war das gleiche Datum, das durch den Doppelmord in Sarajevo den Ersten Weltkrieg ausgelöst hat, es war *Vidovdan* 1921, als das Parlament die Verfassung des »Königreiches der Serben, Kroaten und Slowenen« angenommen hat, und schließlich der 28. Juni 1948, als das Kominformbüro Titos »eigenen Weg« zum Sozialismus verdammte.

Wie tiefgreifend das Regime Milošević die Bevölkerung geprägt hat, wie schwierig demzufolge die Vergangenheitsbewältigung ist, hat die Regierungsbildung im Frühjahr 2007 gezeigt. Die Wahl im Januar hatte die »Radikale Partei« des Kriegsverbrechers Šešelj gewonnen (der selbst aus seiner Zelle in Den Haag noch dazu aufrief, dem blutig gescheiterten Traum von Groß-Serbien treu zu bleiben), die Partei des Premiers Koštunica wurde nur drittstärkste Kraft – für all jene, die Serbien an den Westen, an die EU anbinden wollen, ein niederschmetterndes Ergebnis. Koštunica, in seinem nationalistischen Denken nicht allzu weit von Milošević entfernt, spielte denn auch mit der Drohung, eine

Koalition mit den Radikalen zu bilden, und so dauerte es fast vier Monate, bis doch noch – auf Druck der Europäischen Union – eine Regierung der westlich orientierten Parteien zustande kam, mit Koštunica als Premier.

Koštunica ist eine seltsame Figur, ich vermute, dass er zum Lachen in einen Bunker geht. Geprägt vom serbischen Chauvinismus fand er zum Beispiel vor einer Wahl im Kosovo nichts dabei, sich mit einem Foto, eine Kalaschnikow im Arm, in die Wahlpropaganda einzuschalten – deutlicher kann man kaum demonstrieren, dass man den Milošević-Terror gegen die Albaner für richtig hält. Der rückwärtsgewandte Rechtsprofessor, der politisches Gespür durch intrigante Machtpolitik ersetzt, ist jedoch wegen seiner nationalistisch-chauvinistischen Töne bei vielen Serben noch immer ziemlich populär. Er wurde zum Politiker, als Zoran Đinđić ihn in den Tagen der Wende aus dem Hut zauberte.

Und dies ist eine eigene Geschichte, die ich aus erster Hand kenne, weil ich mit Đinđić befreundet war. Der charismatische, westlich orientierte Oppositionspolitiker hatte in Deutschland studiert, hatte aus dieser Zeit ein Denken mit nach Serbien gebracht, das den meisten Serben zu weltoffen, zu fortschrittlich war. Für die Demokraten war er zwar ein Hoffnungsträger, für die Parteigänger der Diktatur aber (und das war zu diesem Zeitpunkt die Mehrheit) war er Hassobjekt Nr. 1, weil er aus Serbien einen Rechtsstaat machen wollte. Angesichts dieser Konstellation war es wohl eine immens kluge Entscheidung von Đinđić, in den Tagen seines heldenhaften Kampfes gegen Milošević den politisch unbelasteten Rechtsgelehrten Koštunica zum Sympathieträger und später sogar zum Präsidenten zu machen. Die Wende zu schaffen und damit Serbien aus der Diktatur herauszuführen, wäre anders wohl nicht möglich gewesen. Es ist eine Tragik nicht nur für Serbien, sondern für den gesamten Balkan, dass der zu diesem Zeitpunkt bereits international hoch geachtete Ministerpräsident am 12. März 2003 vor seinem Büro von einem Berufskiller erschossen wurde.

Wenige Tage vor seinem Tode hatte Zoran Đinđić noch gemeint: »Sollte jemand glauben, dass die Umsetzung der Reformen dadurch aufgehalten werden kann, dass ich beseitigt werde, so irrt er enorm.« Die jüngste Entwicklung in Serbien scheint diese Hoffnung nur zum Teil zu bestätigen. Insbesondere die Tatsache, dass die beiden Hauptkriegsverbrecher Karadžić und Mladić, die von einem Teil der Serben nach wie vor als Helden gehandelt werden, noch immer frei sind, stimmt bedenklich. Immer wieder fallen T-Shirts mit Bildern von Karadžić oder Mladić auf, die Träger demonstrieren damit ihre Solidarität mit den Mordgesellen aus dem Bosnien-Krieg. Aber selbst wenn diese eines Tages vom Kriegsverbrechertribunal in Den Haag verurteilt sind, ist das nur der erste – wiewohl wichtigste – Schritt. Denn die Abkehr von der chauvinistischen, mörderischen Gewalt muss in den Herzen und Köpfen stattfinden, sie muss in den Schulbüchern zu lesen sein, in den Medien ihre Verbreitung finden. Erst dann wird Serbien wirklich ein Mitglied der Europäischen Wertegemeinschaft sein.

Die Mörder von Zoran Đinđić sind inzwischen zu hohen Haftstrafen verurteilt worden, der Todesschütze muss für 40 Jahre ins Gefängnis. Aber: die Hintergründe dieses schrecklichen Attentates liegen noch immer im Dunklen, die Frage, wer die Hintermänner waren, ob diese gar aus der Politik kamen, ist bisher ungeklärt. Đinđićs Frau Ružica ist dennoch erleichtert: »Das Urteil über die Mörder meines Mannes zeigt, dass wir eine unabhängige Justiz haben. Unter diesen politischen Umständen und unter dem politischen Druck, dem das Gericht ausgesetzt war, hat es gezeigt, dass es unabhängig urteilen und Beeinflussungsversuchen widerstehen kann. Diejenigen, die dieses Verbrechen verübt haben, haben die Strafe erhalten, die sie verdienen.«

Natürlich ist Ružica Đinđić zu verstehen, wenn sie Serbien eine Art Normalisierung attestiert, denn schließlich will sie hier leben, ihre Kinder hier in die Schule schicken, mit den Nachbarn friedlich auskommen. Nur ganz so normal ist Serbien leider (noch) nicht. Zwar hat die EU nun ein Stabilisierungs- und Assoziationsabkommen paraphiert (was auch die EU-Perspektive für die anderen Staaten des ehemaligen Jugoslawien verbessert), aber die Frage der Kriegsverbrecher ist noch immer nicht gelöst, die Radikale Partei, die bei den letzten Wahlen erneut als stärkste abgeschnitten hat und bei der Wahl des Präsidenten im Februar 2008 sogar auf 47 Prozent kam, ist noch immer ein Hemmschuh für eine zukunftsträchtige Entwicklung, und auch die wirtschaftliche Situation ist ein Sorgenkind – trotzdem schien die Regierung entschlossen, bis zum Jahre 2012 EU-Mitglied zu sein – was nun, nach der Hysterie um die Souveränität des Kosovo, wieder in Frage gestellt ist.

Ein Problem bleibt ungelöst, das derzeit nicht augenfällig ist, das aber für die Zukunft des Landes eine ernsthafte Belastung sein dürfte: Seit der Milošević-Diktatur haben Schätzungen zufolge bis zu 200 000 junge Menschen das Land verlassen (Bevölkerung: 7,5 Millionen), und es ist klar, dass dies die fähigsten, die am besten ausgebildeten und die motiviertesten sind. Diesen Verlust an Intelligenz wird Serbien auf lange Zeit schmerzhaft zu spüren bekommen.

Besonders im Vergleich mit der Lage von 1990 wird deutlich, dass der Weg in den Krieg ein Weg der Rückschritte war. Ein Blick zurück im Zorn: Bis zum Beginn des Krieges am 27. Juni 1991 gab es in Serbien kaum jemanden, der Jugoslawien in Frage gestellt hätte, selbst in den anderen Republiken stand der gemeinsame Staat hoch im Kurs, auch wenn dieser unter serbischer Vorherrschaft geführt wurde. Wären Milošević und seine Bellizisten klug gewesen, hätten sie Großserbien auf friedlichem Wege errichten können, man erinnere sich nur an das Angebot der Europäer, dem Lande

Das 1869 erbaute Nationaltheater in Belgrad am Platz der Republik wurde der Mailänder Scala nachempfunden.

einen Milliarden-Kredit zu gewähren, wenn es nur vereint bleibe. Und was die Interessen der Serben in Kroatien und Bosnien angeht: Heute ist ihre Lage weit schlimmer, als sie es je war – dank Milošević, der sie befreien wollte.

Wer da sagt, wer da lügt, Serbien ist klein – das Volkslied hat sich auf furchtbare Weise ad absurdum geführt. Heute ist Serbien klein, und es scheint, als würde sich auf unabsehbare Zeit daran nichts ändern. Im Gegenteil, nach der Souveränitätserklärung der Kosovo-Regierung bewiesen sogar einige Regierungsvertreter, welch nationalistische Raserei in ihren Köpfen spukt: Da gab es Großdemonstrationen in Belgrad, Hooligans nutzten sie für ihre Zerstörungswut, und die Herren Minister, ja sogar der Ministerpräsident, zeigten dafür Verständnis. Einige Botschaften von EU-Ländern wurden angegriffen, die amerikanische Vertretung gar in Brand gesetzt, und eine von der Regierung offenbar wohl instruierte Polizei ließ das alles geschehen. Deutlicher konnte die Regierung Koštunica nicht zeigen, dass sie noch längst nicht in Europa angekommen ist. Diese Regierung darf sich nicht darüber wundern, dass Serbien ein ums andere Mal international gedemütigt wird (so zum Beispiel durch den Verkauf der einst stolzen Kriegsschiffe an Länder der Dritten Welt – siehe Kapitel Montenegro).

Natürlich ist nicht von der Hand zu weisen, was Außenminister Vuk Jeremić beklagt hat: Dem Diktator Milošević hat man das Kosovo nicht weggenommen, nun aber demütigt man das inzwischen demokratische Serbien. Aber andererseits kann ein Land aus seiner Geschichte nicht aussteigen, und das Wutgeheul in Belgrad nach der Anerkennung des Kosovo zeigt leider, dass die nationalistischen Kräfte noch nichts aus der Geschichte gelernt haben. Ein Staat, der Leute wie Koštunica an die Spitze wählt, will offenbar zurück in die Vergangenheit. Bedauerlicherweise ist festzustellen: Dieser Teil der Serben ist noch immer der Meinung, die Politik des Balkans bestimmen zu dürfen, ja zu müssen – und sei es mit der Kalaschnikow. Dieser Teil der Bevölkerung lebt noch immer im Jahre 1389 bzw. 1991, mit der Wirklichkeit unserer Tage hat er jedenfalls nichts zu tun. Ihm gilt der jahrhundertealte Opfermythos (»Wir gewinnen im Kriege und verlieren im Frieden«, wie einst Kurzzeitpräsident Dobrica Ćosić klagte) als Wegweiser in die Zukunft.

Aber es gibt ja auch jene Menschen, die das Gestern abgestreift haben, um sich heute auf das Morgen vorzubereiten. Und dass dieses Morgen nur eine Zukunft im europäischen Sinne sein kann, auch das steht für sie außer Zweifel. Außenminister Vuk Jeremić hat dies jüngst erst wieder betont: »Europa würde einen großen strategischen Fehler begehen, wenn es dem Balkan seinen Weg zur vollen Integration in der EU noch schwerer machen würde, als er ohnehin schon ist.« Der junge und fortschrittliche Außenminister spricht damit für jene Serben, die aus der Vergangenheit gelernt haben, die nun wissen, dass das Gewehr die Diplomatie nicht ersetzen kann. Viele von ihnen habe ich kennen und schätzen gelernt – und ich bin fest davon überzeugt, dass sie in absehbarer Zeit die Mehrheit sein werden.

Kosovo

Dreh- und Angelpunkt jugoslawischer Geschichte

»WAS IST DAS FÜR EINE WIDERWÄRTIGKEIT, mit der das Schicksal der Völker verhöhnt wird. Von den grundlegenden Entwicklungsproblemen des Balkans wurde kein einziges gelöst.« Nein, dies bezieht sich nicht auf die Situation der Jahre 2007/08, geschrieben hat dies im Jahre 1913, nach dem zweiten Balkan-Krieg, der Sonderkorrespondent der Zeitung »Kijewskaja Mysl« (»Kiewer Gedanke«) Lew Bronstein, besser bekannt als Leo Trotzki. Damals wie heute kennzeichnet es die Tragödie des Kosovo, dass wichtigste Entscheidungen nur zu oft nach sachfremden Kriterien getroffen werden, nach Kriterien, die die betroffenen Menschen zum Spielball fremder Interessen herabwürdigen. So im aktuellen Streit, bei dem die USA (als Anwalt der Kosovaren) und Russland (als Anwalt der Serben) Position bezogen haben. Für die Serben ist klar: Das Kosovo ist die Wiege des Serbentums, es ist unveräußerlich, es muss Teil Serbiens bleiben. Und für die Kosovaren ist ebenso klar: Nach dem Terror des Milošević-Regimes gibt es keinen Verbleib mehr in Serbien, alles andere als Souveränität ist nicht verhandelbar. Das entscheidende Problem dabei: beide Positionen sind nicht miteinander zu vereinbaren, einen Kompromiss haben beide Seiten von vorneherein ausgeschlossen. Nun ist die Entscheidung gefallen: Seit dem 17. Februar 2008 ist das Kosovo unabhängig, die USA und eine Reihe EU-Staaten haben es bereits völkerrechtlich anerkannt, die Serben kochen vor Wut – rückgängig machen können sie diese Entwicklung sicher nicht. Und eigentlich wissen die

Geschichtsträchtiger Ort und Ausgangspunkt eines unauslöschlichen Mythos: Denkmal zur »Schlacht auf dem Amselfeld«

Menschen, was der Belgrader Politanalytiker Bratislav Grubačić schon zuvor ausgesprochen hatte: »Jeder weiß hier, dass der Kampf um das Kosovo längst verloren ist. Doch niemand traut sich, das zu sagen.«

Wie immer am Balkan steht im Mittelpunkt dieses Streits die Geschichte. Dreh- und Angelpunkt serbischer Historie ist eine Jahreszahl, die Kinder schon im Vorschulalter eingebläut bekommen: 1389 – die Schlacht auf dem Amselfeld. Dieser Krieg gegen die auf Europa zustürmenden Osmanen hat die serbische Mentalität geprägt, und obwohl er verloren wurde, ist er zur Grundlage ihres seit Jahrhunderten gepflegten Heldenmythos' geworden. In dieser Schlacht, so die serbische Geschichtsdeutung, haben die Serben Europa vor dem Islam gerettet. Daran ist nicht mehr als alles falsch. Denn die Schlacht auf dem Amselfeld (*Kosovo Polje*) wurde nicht nur von Serben, sondern auch von den umliegenden Slawenstaaten, von Bulgaren, Bosniern, Albanern, Ungarn und Kroaten geschlagen. Und es scheint schon ein wenig abenteuerlich, zu behaupten, weil man den Osmanen 1389 auf dem Amselfeld Verluste zugefügt habe, seien sie 1683 bei Wien zurückgeworfen worden.

Richtig ist dagegen, dass die Schlacht auf dem Amselfeld für beide Seiten ein Aderlass war. »Durch Ströme von Blut waren die diamantenen Klingen zu hyazinthfarbenen, war der Speere spiegelnder Stahl zu Rubin verwandelt, und durch die Menge abgeschlagener Köpfe und rollender Turbane war das Schlachtfeld zu einem vielfarbigen Tulpenbeet geworden.« So ein zeitgenössischer türkischer Chronist. Wen wundert's, dass dieses Schlachten die Fantasie nachfolgender Generationen beflügelte, dass im Volke Legenden und Heldengesänge eine immer größere Suggestion entfalteten, dass schließlich ein Mythos entstand, der zum Herzstück des Serbentums heranwuchs?

Es entstand jener Mythos, der von jedem Serben verlangt, den »Fluch vom Kosovo« auszulöschen, jene Überzeugung, Kosovo sei »das Verhängnis des serbischen Volkes«, wie es Ivo Andrić beschrieb.

Was Andrić, und mit ihm die meisten Serben, aus dem Gedächtnis ausgeblendet haben, ist ein Teil der Geschichte, der für die Serben weniger schmeichelhaft ist als die Schlacht auf dem Amselfeld (wobei diese Schlacht ja eigentlich, wenn man es rein historisch betrachtet, für die Serben auch kein Ruhmesblatt war). Nein, ich meine die beiden Balkankriege 1912 und 1913, bei denen die Serben das Kosovo-Problem bereits in ihrem Sinne zu lösen versuchten.

Die englische Zeitung »Daily Chronicle« meldete am 12. November 1912: »In der Nähe von Üsküb wurden 2000 und unweit Prizren 5000 mohammedanische Arnauten (Anmerk. d. Autors: das türkische Wort für Albaner) niedergemetzelt. Viele Dörfer sind von den Serben angezündet und die Bewohner abgeschlachtet worden. Bei den Hausdurchsuchungen nach Waffen wurden Albanesen, auch wenn man in deren Häusern keine Waffen vorfand, einfach getötet. Die Serben erklärten ganz offen, die mohammedanischen Albanesen müssten ausgerottet werden, das sei das wirksamste Mittel zur Pazifizierung des Landes.« Die englische Zeitung ist übrigens kein Einzelfall, italienische, französische und dänische Korrespondenten berichten über ganz ähnliche Vorfälle.

Das ganze 20. Jahrhundert hindurch war das Kosovo als Folge der Kriege unangefochten jugoslawisch-serbisch. Aber immerhin hatte Tito dem Kosovo (und der Vojvodina) einen Sonderstatus als autonome Provinz eingeräumt. Natürlich wagte er nicht, den Amselfeld-Mythos der Serben anzugreifen, und so wurde 1953 ein riesiges Denkmal errichtet, das in Kosovo Polje an diese Schlacht erinnern soll. Auf einem riesigen Postament steht ein sich nach oben verjüngender Turm aus rötlichem Gestein, in dessen Innerem man hinauf zur Plattform steigen kann. Von hier aus kann man die gesamte Landschaft überblicken – hier meint man auch heute noch vor sich zu sehen, wie damals die Heere aufeinandergeprallt sind. Am Boden, an den Ecken des Fundamentes, vier kleine Pfeiler mit dem Kreuz als Erlösungssymbol und den vier »C«, den kyrillischen »S«, die für die Worte stehen: »Samo sloga Srbina spašava« – »Nur Eintracht rettet den Serben«, Rückgriff auf einen mittelalterlichen Sinnspruch. Bezeichnenderweise hat der Kosovo-Mythos erst unter Milošević den Partisanenmythos der Tito-Zeit abgelöst, wurde zum Herzstück eines fanatischen Serbentums. Dazu beigetragen hat die orthodoxe Kirche, die in feierlichen Klageprozessionen die Gebeine des Nationalheiligen Lazar kreuz und quer durch serbische Lande schleppen ließ und damit emotionale Aufwallungen initiierte. Dies geschah offenbar in Absprache mit Milošević, der die serbische Opfermentalität zu einer Hysterie aufwallen ließ, die er dann nach Kräften pflegte und für seine persönlichen Ziele ausschlachtete.

Denn seit dem Jahre 1986 hatte der serbische Autokrat die politischen Fäden in der Hand, hemmungslos und (wortwörtlich) über Leichen gehend setzte er seine Machtgelüste in eine verantwortungslose Politik um. In einer Schmierenkomödie (er hatte dafür gesorgt, dass serbische Demonstranten von albanischen Polizisten verprügelt worden waren) versprach er den Serben: »Niemand darf euch mehr schlagen!« Das Fernsehen war natürlich zur Stelle – und ganz Serbien meinte, einen neuen Heiligen zu erkennen. Auf diese Weise wurde die Opferlegende der Serben im Kosovo in die Welt gesetzt. Wer jedoch genau hinsieht weiß, dass es damals in der Tat eine unterschwellige albanische Aggression gegen die Serben gab – von einem »Genozid« konnte freilich keine Rede sein. Der Demagoge Milošević nützte die Lage der Serben schamlos aus, liquidierte im März des Jahres 1989 über eine Verfassungsänderung die Autonomie der Kosovaren und nahm die Misslichkeiten der Menschen hier zum Anlass einer maßlosen Hetze. Zur 600-Jahr-Feier der Schlacht auf dem Amselfeld ließ die Regierung denn auch ein aufwendiges Historienepos drehen, das den heldenhaften Kampf der Serben gegen die Türken anschaulich machen sollte. Serbien sonnte sich im Heldenwahn, und so war es wenig überraschend, dass zu dieser Feier am 28. Juni 1989 rund eine Million Serben ins Kosovo pilgerten. Milošević damals wörtlich: »Wir hatten immer eine große, tapfere und stolze Armee, die, auch wenn sie eine Schlacht verloren hat, nicht besiegt wurde. Sechs Jahrhunderte später, heute, stehen wir wieder vor Schlachten. Im Augenblick sprechen die Waffen nicht, doch ganz gleich, welcher Art die künftigen Schlachten sein werden, sie können nicht gewonnen werden ohne Entschlossenheit, Mut und Opferbereitschaft.«

Milošević hatte also bereits hier im Kosovo jene Kriege angedroht, die dann ab 1991 Jugoslawien zerrissen und unter deren Folge nun die Serben am meisten leiden. Immer wieder erinnere ich mich daran, wie ein FAZ-Leser die serbischen Mentalität beschrieben hat: »Der Serbe ist als Mensch reizend, versöhnlich und rührend gütig. Als Politiker ist er töricht, und als Herr mit der Waffe wird er grausam.«

Wie grausam, habe ich in den Jahren vor dem Kosovo-Krieg erlebt. Nur ein Beispiel: Als ich im Herbst 1998 im Kosovo unterwegs bin, hat die serbische Soldateska bereits mit einer breit angelegten »ethnischen Säuberung« (schreckliches Wort!) begonnen. Südöstlich von Pristina gerate ich in ein kleines Dorf, bzw. das, was davon übrig geblieben ist. Es herrscht Totenstille, kein Mensch ist weit und breit zu sehen, eine Kuh mit fast platzendem Euter kommt vor Schmerzen brüllend auf mich zu, ein paar Hunde flüchten sich unter Büsche. Entlang der Dorfstraße, an der kleine Geschäfte wie auf einer Kette aneinander gereiht standen, totales Chaos: Die Soldaten hatten ganze Arbeit geleistet, was nicht abgefackelt werden konnte, war verwüstet und geplündert worden. Wie sich schnell herausstellte, hatten die Bewohner die Ortschaft vor dem serbischen Angriff verlassen, ich sah also keineswegs die Spuren einer kriegerischen Auseinandersetzung, sondern ein strategisches Ziel: Verbrannte Erde – man wollte den Kosovaren, sollten sie zurückkommen, die wirtschaftliche Basis entzogen haben.

Fälle dieser Art waren an der Tagesordnung – bis die serbische Armee schließlich in einem wohl organisierten Kommandounternehmen die systematische Vertreibung der Kosovaren begann. Zehntausende waren nach Mazedonien und Albanien geflohen, ehe die NATO der »ethnischen Säuberung«, denn nichts anderes war dieser Terror, durch gezielte Luftschläge ein Ende bereitete. Aus Tirana habe ich damals über das Elend der Flüchtlinge berichtet, habe mit vergewaltigten Frauen gesprochen, habe mir vom sadistischen Vorgehen an der Grenze berichten lassen.

Während ich das Manuskript zu diesem Buch begann, im Herbst 2007, eskalierte der Streit um die Unabhängigkeit des

Kosovo. Dabei war seit dem Jahre 1999 eigentlich klar, dass sich die Kosovaren nicht mehr in den für sie nur mit Terror verbundenen Staat Serbien zurückzwingen lassen. Und der Status quo war wohl auch nicht länger haltbar. Für die Serben aber war auch klar: Im Kosovo liegen unsere kulturellen und religiösen Wurzeln, wir lassen unseren Staat nicht amputieren.

Worum geht es? Nach dem durch Milošević verursachten Kosovo-Krieg leben in diesem Gebiet etwa 93 Prozent Kosovaren, rund fünf Prozent Serben und ein Rest anderer Volksgruppen. Dass diese 93 Prozent sich nach der serbischen Terrorherrschaft nicht mehr der Regierung in Belgrad unterordnen wollen, müsste eigentlich jedermann begreifen. Dass jedoch auch die Serben ihren Anspruch auf das Kosovo nicht aufgeben wollen, ist ebenso zu verstehen. Denn das Kosovo wird, wie bereits erwähnt, von ihnen seit der Schlacht auf dem Amselfeld 1389 als die Wiege ihrer Kultur, ihrer Religion angesehen.

Mit viel Mühe und großem Verhandlungsgeschick hatte UN-Vermittler Martti Ahtisaari einen Vorschlag erarbeitet, der natürlich nicht alle Interessen befriedigte, der aber unter den gegebenen Umständen die einzig zukunftweisende Lösung war. Danach sollte das Kosovo in eine »international überwachte Unabhängigkeit« entlassen werden. Dass die Russen als traditionelle Freunde Serbiens diesen Vorschlag im UN-Sicherheitsrat blockierten und dabei so taten, als würden sie dies nur aus selbstloser Freundschaft tun, war wenig glaubhaft. Der russischen Seite ging es wohl eher darum, gegenüber den USA die Weltmachtrolle zu spielen und gleichzeitig die Uneinigkeit der Europäer vorzuführen. Beides hatte mit dem Kosovo selbst nur wenig zu tun. Andererseits war und ist bemerkenswert, dass sich Russland offenbar stärker als bisher am Balkan wirtschaftlich zu engagieren gedenkt. Das gilt für eine Kooperation mit der maroden Fluglinie »JAT«, für eine Zusammenarbeit der Flughäfen in Moskau und Belgrad und vor allem für den Energiesektor. Serbien ist auf Investitionen aus dem Ausland angewiesen, der monatelange Koalitionspoker im ersten Halbjahr 2007 hat dem Land geschadet, das Wirtschaftswachstum weiter reduziert, die hohe Arbeitslosenquote von 22 Prozent nicht eingebremst. Auch deshalb hoffte Belgrad auf einen politischen Schulterschluss mit Moskau in der Kosovo-Frage.

Wer während der langen Verhandlungen nach konstruktiven Vorschlägen der Serben oder der Russen suchte, der suchte vergebens. Völlig absurd erschien mir der von einem früheren deutschen Botschafter kurzfristig ventilierte Plan, das Kosovo zu teilen – dies wäre der Todesstoß für die Regierung in Pristina gewesen, die mit dem winzigen Gebiet, das ihr dann noch geblieben wäre, gleich zum Konkursrichter nach Belgrad hätte gehen können. War das die Absicht dieses Vorschlages? Der serbisch/russische Vorschlag einer Fortsetzung der Verhandlungen klang zwar kompromissbereit, war aber in Wirklichkeit angesichts der Kompromisslosigkeit der Serben wenig zielführend. Verhandlungen – bis zum jüngsten Tag?

Trotz allem, der Mythos von der »Wiege des Serbentums« ist ja nicht aus der Luft gegriffen. Abgesehen von der politischen Propaganda wird jeder Kenner des Kosovo zugeben: Ein Großteil der schönsten und kulturhistorisch wertvollsten Kirchen und Klöster der Serben ist in der Tat im Kosovo zu finden. Gračanica zum Beispiel, eine serbisch-byzantinische Klosterkirche mit fünf prächtigen Kuppeln, die letzte Stiftung von König Milutin aus dem Jahre 1320. Obwohl von den Türken geplündert, ist Gračanica das am besten erhaltene Bauwerk des serbischen Mittelalters. Besonders sehenswert sind die herrlichen Fresken aus drei Epochen, hier haben die besten Künstler ihrer Zeit Unvergängliches geschaffen – ein Wunder, dass diese Kunstwerke das türkische Wüten überstanden haben.

Die »Wiege des Serbentums« – zum Beispiel Gračanica, die wohl schönste Klosterkirche im Kosovo

Gračanica ist freilich auch ein bedrückendes Beispiel für die Politik unserer Tage. Hier zeigt sich in aller Deutlichkeit, dass das Kosovo-Problem offenbar unlösbar geworden ist. Die kleine Gemeinde etwa zehn Kilometer südöstlich der Hauptstadt Pristina ist eine Enklave, deren Bewohner sich nur in Begleitung internationaler Polizei herauswagen. Als Besucher, der das Kloster aus kulturhistorischen Gründen sehen will, ist man gerade noch akzeptiert, trotzdem zeigen die abweisenden Gesichter, die verschlossene Lippen, dass Fremde hier eigentlich nichts zu suchen haben.

Im Jahre 2002 sprach ich hier mit einem Popen, der mit bitterer Mine meinte: »Wenn NATO, KFOR und UN ihren Job wirklich tun, können wir dableiben. Wenn sie aber die

»ethnische Säuberungen« unterstützen, dann müssen wir notgedrungen gehen. Vorläufig glaube ich, dass viele Leute ihr Bestes tun, aber das Ergebnis zeigt, dass sich die Situation täglich verschärft.« Ich kann diesen armen Menschen ihre Verzweiflung nicht einmal übelnehmen, sie sind aufgrund einer Politik, die sie nicht zu verantworten haben, zu Opfern geworden, ohne Aussicht auf Zukunft, sie leben hier formal frei und trotzdem wie in einem Gefängnis.

Da wir gerade bei den Emotionen der Menschen sind, auch hier ein paar Erinnerungen. Ich habe eben die feindselige Haltung der Serben in Gračanica (und dies gilt natürlich für alle Serben in den kosovarischen Enklaven) erwähnt, aber auf der anderen Seite ist die Stimmung nicht anders. Im Jahre 2004, also lange nach dem Kosovo-Krieg, habe ich einen meiner Mitarbeiter gefragt, ob er sich nicht vorstellen kann, mit den Serben friedlich zusammenzuleben. Der junge Mann, ein Anhänger des als Balkan-Gandhi bekannten Ibrahim Rugova, also frei von aggressiven Vorurteilen, erzählt mir darauf Folgendes: »Ich wohne in einer dieser großen Mietskasernen. Vor dem Krieg hatte ich da einen serbischen Nachbarn, mit dem ich ein freundliches Verhältnis pflegte. Nach dem Krieg war er verschwunden, und als die Polizei die Wohnung aufbrach, fand sie Gewehre, Pistolen und Handgranaten vor. Meinen Sie«, so fragte mich dann mein Mitarbeiter, »ich würde mit diesem Mann wieder Wand an Wand leben wollen?«

Mit diesem jungen Mann war ich eines Tages in Richtung albanische Grenze gefahren, wir wollten unter anderem sehen, wie »dicht« die Grenze ist. Aber natürlich wollte ich mir auch nicht entgehen lassen, das Kloster Peć zu besuchen, das auch unter der Türkenherrschaft Mittelpunkt der serbisch-orthodoxen Kirche geblieben war. An der Pforte begrüßte mich ein freundlicher Pope, ja, natürlich, ich könne das Kloster besichtigen, nur mein kosovarischer Mitarbeiter müsse draußen bleiben. Auch heute noch ärgere ich mich über mich selbst: Ich habe mich nicht umgedreht, bin nicht weggegangen, sondern war in meiner Neugierde unsolidarisch genug, mir trotzdem dieses berühmte Kloster mit seinen drei unvergesslichen Kirchen anzusehen.

Und sehenswert ist dieses Kloster auf jeden Fall. Der heilige Sava, so erzählt die Geschichte, hatte seinen Nachfolger Asrsenije beauftragt, einen sicheren Ort für den Sitz des Erzbistums ausfindig zu machen, er fand den Ausgang der *Rugovo*-Schlucht, und so entstanden ab der ersten Hälfte des 13. Jahrhunderts die drei Kirchen mit einer gemeinsamen Vorhalle. Deutlich zu sehen ist die Entwicklung der Architektur, während eine Kirche von außen eher schlicht wirkt, zeichnen sich die beiden anderen durch plastischen Schmuck an Portalen und Fenstern aus. Gleiches gilt für die Fresken im Inneren: Sie geben einen bemerkenswerten Überblick über die Entwicklung der Malerei zwischen dem 13. und dem 16. Jahrhundert.

Für mich ist das Kosovo immer eine fremde Welt geblieben, selbst Pristina, die Hauptstadt, die in manchen Straßen westliche Atmosphäre zu imitieren versucht, in anderen dagegen mit ihren vielen Moscheen den orientalischen Akzent hervorhebt. Heute wieder friedlich, pittoresk, in manchen Landesteilen fast verträumt – eine Region, die auf den ersten Blick fast exotisch scheint, auf jeden Fall aber Neugierde weckt. Die Städte und Dörfer von Moscheen geprägt, die Menschen lautstark, die Märkte farbenprächtig – und wenn der Ruf des Muezzin ertönt, vermeint man, einen Hauch orientalischer Stimmung zu verspüren. Ist das noch Europa oder ist es bereits der Orient? Für die Serben war es jedenfalls immer ein von Feinden usurpiertes Land – was denn auch in die Balkan-Kriege 1912/13 führte – und eine Gefährdung ihrer angemaßten Überlegenheit, allein schon aufgrund der hohen Geburtenrate der Albaner, die für die Serben eine demografische Zeitbombe ist.

Das größte Problem des neuen Staates ist eine unselige Teilung zwischen Kosovaren und Serben. Im Norden des Landes wohnen rund 40 000 Serben (im Rest leben noch einmal doppelt so viele in Enklaven), eine Minderheit, die sich kampfbereit gegen die Regierung in Pristina stellt. Mitrovica, die geteilte Stadt, ist dafür ein Beispiel.

Die Brücke über den Fluss Ibar ist hier das Gegenteil dessen, was Brücken eigentlich sein sollten: Sie verbindet nicht, sie trennt die Kosovaren im Südteil der Frontstadt von den Serben im Nordteil. Die Distanz auf dieser Brücke beträgt kaum hundert Meter, die geistige Entfernung aber Kilometer, geprägt von Hass und Vorurteilen – kein Kosovare würde sich hinübertrauen zu den Serben, umgekehrt das Gleiche. Dazwischen die KFOR-Soldaten, die sich bemühen, Zusammenstöße der verfeindeten Volksgruppen zu verhindern. Doch gegen die Demagogie, die Hetze, den Hass der jeweiligen Fanatiker sind sie machtlos.

Berüchtigt sind die sogenannten »Brückenwächter« der Serben. Junge Schlägertypen, frei von Skrupeln, zentral gesteuert, mit Funkgeräten ausgerüstet – wehe, wer ihnen in die Quere kommt. Ein Beispiel: Als am 15. März 2000 ein ARD-Team in Nord-Mitrovica die Konfrontation der KFOR mit serbischen Demonstranten drehen will, wird dem Kameramann die Brille von der Nase gerissen, er wird getreten und auf den Kopf geschlagen. Obwohl die serbische Führung dem Team Schutz und freies Arbeiten zugesagt hatte, wird dem Kameramann der Sucher derart brutal auf das Auge gestoßen, dass er einen Netzhautriss davonträgt und später operiert werden muss.

Die Bewohner von Nord-Mitrovica und ihre selbsternannten Schützer fühlen sich wie Wild, das in die Enge getrieben wurde und aggressiv wird. Was sich damals im Jahre 2000 gegenüber dem ARD-Team abgespielt hat, kann sich jederzeit gegenüber jedermann wiederholen. Und wer genau hinsieht, muss feststellen, dass es eigentlich noch schlimmer

Eine Brücke, die nicht verbindet: Mitrovica, die geteilte Stadt im Norden des Kosovo.

geworden ist. Die »Süddeutsche Zeitung« hat dies im April 2007 so beschrieben: »Im Norden, da, wo die Serben leben, sagen sie auf den Märkten und in den Kneipen den immer gleichen Satz über die Albaner: ›Mit denen wollen wir nichts zu tun haben.‹ Das ist ein Satz, der trotzig klingt. Sie trotzen dem Elend. Mindestens 15 000 Serben leben hier zusammengedrängt auf engstem Raum. Es ist ein Leben, das mehr an die Dritte Welt erinnert als an eine Stadt in Europa. Die Häuser sind so heruntergekommen, dass einige Händler ihre Waren in Ruinen anbieten müssen; rostende Gitterstäbe schützen die paar Habseligkeiten, wo die Wände nicht verputzt sind und der Wind durchpfeift. Eine enge Holperstraße durchschneidet den serbischen Teil der Stadt von Ost nach West, und hier spielt sich alles ab: Da treffen sich die Menschen, da machen sie ihre Geschäfte, da haben sie einen armseligen Markt improvisiert auf dem Gehsteig zwischen parkenden Autos und den vielen Passanten.«

Bei zahlreichen Besuchen im serbischen Teil von Mitrovica habe ich ähnliche Beobachtungen gemacht. Aufgefallen ist mir vor allem, dass die Menschen praktisch auf gepackten Koffern sitzen, denn sie sehen in einem von den Kosovaren beherrschten Kosovo für sich keine Zukunft. Der politische Führer der Serben in Mitrovica, Oliver Jovanović, sagte mir bei einem solchen Besuch: »Die einzige Möglichkeit für uns ist, die Menschen davon zu überzeugen, nicht wegzugehen. Und ich bin sicher, sie werden in Nord-Mitrovica und damit im Kosovo bleiben. Und wenn wir hier bleiben, dann können wir davon ausgehen, dass die serbischen Flüchtlinge zurückkehren. Ich denke, UNMIK muss nun klarstellen, dass die Albaner ebenso ethnische Säuberungen betreiben wie Milošević früher.« An dieser Aussage ist vor allem interessant, dass ein Serbe zugibt, dass die serbische Führung »ethnische Säuberungen« betrieben hat. Aber auch der Hinweis auf Flüchtlinge gibt zu denken: Nachdem sich das Flüchtlingsproblem in Bosnien praktisch von allein gelöst hat, steht man nun vor der Gefahr einer neuen Flüchtlingswelle, nachdem das Kosovo selbstständig geworden ist.

Natürlich ist auch die Angst der Serben verständlich, aber andererseits ist die »international überwachte Unabhängigkeit« (soweit bekannt, wurden die Vorschläge der Ahtisaari-Kommission zur Grundlage des neuen Staates gemacht) eine Gewähr dafür, dass es bei der immer wieder betonten »multi-ethnischen« Verfasstheit des Kosovo bleibt. Der Minderheitenschutz scheint damit ebenso gesichert wie der Schutz des religiösen Erbes. Und auch wenn man dem Ministerpräsidenten und Ex-UCK-Chef Hashim Thaci nicht jedes Wort glauben mag, er hat die kosovarische Position eindeutig beschrieben: »Wir werden ein Projekt zum Schutz und zur Integration der Minderheiten vorlegen. Wir werden die kulturellen und religiösen Monumente der Kosovo-Serben schützen. Wir wollen auch die geflohenen Serben davon überzeugen, zurückzukehren.«

Zugegeben, es fällt schwer, solchen Ankündigungen zu vertrauen, denn man hat noch die Übergriffe vom März

Das Patriarchenkloster Peć wurde im 13. und 14. Jahrhundert aus Sicherheitsgründen in der Rugova-Schlucht errichtet.

2004 in Erinnerung, bei denen ein fanatisierter Mob von etwa 50 000 Menschen in einer serbischen Enklave regelrecht Jagd auf die dortigen Bewohner machte, 20 ermordete, rund 1000 verletzte und etwa 4000 vertrieb. Kein Einzelfall, es hat immer wieder Übergriffe gegeben, eine Unzahl von serbischen Gedenkstätten ist verschwunden. Verschwunden? Zu beklagen ist in der Tat eine barbarische Zerstörungswut, die nach 1999, dem Ende des Kosovo-Krieges, eingesetzt hat. Nach serbischen Angaben sind 150 Klöster zerstört, Friedhöfe geschändet, in Kirchen Fresken beschädigt und verschandelt worden. Es handelt sich um Klöster und Kirchen, wichtigste Bauwerke aus den 13. und 14. Jahrhundert, Prunkstücke spätmittelalterlicher orthodoxer Kultur. Man mag den Hass, der hinter dieser Kulturverachtung steht, erklären können mit der Menschenverachtung der Serben zuvor, entschuldigen kann man sie nicht. Und auch die Tatsache, dass die Serben in Kroatien und in Bosnien ebenso gewütet haben, dass sie nun also zurückbekommen haben, was sie initiiert und angerichtet haben, kann nicht hinwegtrösten über den unermesslichen Verlust der orthodoxen Monumente. Kein Zweifel, dass der Mob bei diesen Verwüstungen nur Rache im Sinn hatte, die geistigen Brandstifter, die Schreibtischtäter aber wussten genau, was sie taten: Ihnen ging es darum – dies ist der gleiche Ansatz wie bei den Untaten der Serben in Kroatien und Bosnien – die geistigen Wurzeln des verhassten Feindes auszurotten.

Aber das ist nun vorbei, Geschichte, die freilich präsent bleibt angesichts der Versuche der Regierungen in Belgrad und Moskau, die zwei Millionen Kosovaren nach ihren Erfahrungen mit der serbischen Führung (zugegeben, es ist nicht mehr Milošević!) zurück in die Hände unkontrollierbarer Macht in Belgrad zu geben. Aber auch wenn die Unabhängigkeitserklärung den Kreml-Herren und ihren Vasallen nicht gefallen mag, es ist die einzige langfristige Lösung des Problems. Eine zivile und eine militärische Überwachungsinstanz werden dafür sorgen, dass die Stabilität in der Region gewahrt bleibt, zumal da auch Belgrad eine militärische Option ausgeschlossen hat. Schon ein Jahr zuvor hatte die EU damit begonnen, eine Mission unter dem Namen »EULEX« aufzubauen, die das Kosovo nach dem Tage X unterstützen sollte. 2200 Richter, Staatsanwälte, Finanzexperten, Polizisten und Zöllner werden nun die Experten der Vereinten Nationen ablösen – mit anderen Worten: aus dem UN-Protektorat wird ein EU-Protektorat.

Eine der wichtigsten Aufgaben der EU-Helfer wird sein, die Wirtschaft des Landes auf die Beine zu stellen. Denn das zentrale Problem des Kosovo (und dies ist nach der Anerkennung durch EU-Staaten inzwischen ein europäisches) ist, dass die Situation dieses Gebiets nach wie vor eine wirtschaftliche Katastrophe darstellt – es ist wie eh und je das Armenhaus Europas mit einer Arbeitslosenrate von rund 60 Prozent (manche Schätzungen gehen bis 75 Prozent), auch bei Jugendlichen. Für die ist der absolute Mangel an Zukunftsperspektiven der gerade Weg in die Kriminalität. Und davon gibt's im Kosovo schon genug.

Wobei nicht vergessen werden darf: Was Korruption, Vetternwirtschaft und Betrug angeht, stehen eine Reihe von Vertreter der UN den kosovarischen Kriminellen kaum nach. Und die UN-Führung in Pristina spielt drei Äffchen: nichts sehen, nichts hören, nichts sagen – der eigene Ruf könnte ja in Mitleidenschaft gezogen werden. Bleibt zu hoffen, dass die EU-Führung, die künftig das Kosovo (mit)regieren wird, wenigstens diesen Skandal beendet. Klar war seit langem aber auch: Nur wenn der Status Kosovos international anerkannt ist, wird es die so notwendigen Investitionen geben, nur dann geht's voran. Nun ist es so weit, nun müssen all jene Farbe bekennen, die diese These vertreten haben. Das heißt, die Wirtschaft des Kosovo braucht dringend Investitionen, und die wird es natürlich nur geben, wenn über den Status des Kosovo hinaus klar ist, wie stabil und wie friedlich sich die Situation darstellt, wie engagiert die Menschen hier bei der Überwindung des Wirtschaftschaos sind. Bisher hatten sie die Ausrede, anzupacken, die Ärmel aufzukrempeln und in die Hände zu spucken, hätte nur den Serben genutzt. Diese Ausrede gilt künftig nicht mehr, nun sind sie selbst gefordert.

An Unterstützung von außerhalb sollte es nicht fehlen. Schon jetzt rechnet man in Brüssel damit, dass das Engagement der Europäer bis zu zehn Jahren dauern wird (angesichts der wirtschaftlichen Lage im Kosovo, insbesondere der Infrastruktur), so dass realistisch von Hilfsgeldern in Höhe von mehreren Milliarden Euro auszugehen ist. Aber gerade die lange Zeit, die nun eingeplant ist, birgt das Risiko, dass die Kosovaren sich mit ihren hohen Erwartungen enttäuscht abwenden. Für die EU ist deshalb klar: das Kosovo muss eine Erfolgsgeschichte werden, auch damit die Serben eines Tages sehen, wie es mit der Hilfe der EU aufwärts geht – und sich schließlich aus ihrer Trotzhaltung befreien. Denn jedermann weiß: Ohne Serbien wird der Stabilisierungsprozess am Balkan unvollendet bleiben.

Montenegro

Nicht nur schwarze Berge

MONTENEGRO – DAS LAND DER SCHWARZEN BERGE. Schwarze Berge? Der Besucher an den sonnigen Stränden des Landes mag sich fragen, warum das Land diesen Namen trägt. Die Antwort ist einfach und führt, wie überall auf dem Balkan, in die Geschichte: Der Küstenstreifen war nämlich seit dem Mittelalter im Besitz fremder Mächte, nur das Landesinnere, die schwarzen Berge also, gehörten den Montenegrinern. Seit dem Jahre 1918 sieht das alles jedoch grundlegend anders aus: Nun ist es der Küstenstreifen, mit dem man den Namen Montenegro verbindet, nun hat es das kleine Land geschafft, selbstständig zu sein (es hatte ja innerhalb Jugoslawiens schon seine Eigenständigkeit ein Stück weit bewahrt), nun hat man es sogar erreicht, sich von Serbien abzunabeln. In der Hauptstadt Podgorica weiß man freilich auch: Nicht die schwarzen Berge sind es, die dem Lande eine Zukunft sichern können, es sind die Strände an der Adria, von der Sonne verwöhnt, die Montenegro so attraktiv machen, an die sich viele Reisende gerne erinnern. Beobachter hatten ihre Zweifel, ob dieser Winzling mit seinen 650 000 Einwohnern überhaupt als souveräner Staat würde existieren können, als das erste Mal von Selbstständigkeit die Rede war und sich die Propagandisten sofort die üblichen Schlachten lieferten. Die einen meinten, dass Montenegro zu klein sei, um ohne den großen Bruder Serbien überleben zu können, die anderen träumten davon, den Klotz am Bein namens Serbien endlich los zu werden. Dann, so die Hoffnung, werde sich rasch eine eigenständige Wirtschaft entwickeln. Wirtschaft? Industrie? Exporte? Wer mit jenen Montenegrinern sprach, die für die Eigenständigkeit plädierten und sie fragte, wie das Land wirtschaftlich über die Runden zu kommen gedenke, hörte nur ein Wort: Tourismus.

Dann ging alles ganz schnell. Am 21. Mai 2006 wurde das Volk zur Entscheidung gerufen, mit 55,5 Prozent sprach es sich für die Loslösung von Serbien aus. Das war nur ein halbes Prozent mehr, als die EU für eine Anerkennung gefordert hatte (ein Schelm, der Böses dabei denkt), aber immerhin war die Beteiligung an diesem Referendum mit 86,3 Prozent ungewöhnlich hoch, ein Beweis dafür, dass diese Frage die Gefühle der Bürger stark bewegt hatte. Am 3. Juni 2006 erklärte sich das montenegrinische Parlament schließlich in einer Feierstunde für unabhängig, wenig später war das Land der schwarzen Berge auch Mitglied der UNO.

Wieder einmal hatte sich gezeigt, dass die Versuche der Europäischen Union, am Balkan ordnend einzugreifen, sich vorzugsweise durch Tollpatschigkeit und Ignoranz auszeichnen. In den drei Jahren zuvor hatten nicht nur die Montenegriner, sondern auch die Serben an jenem Konstrukt gelitten, das der EU-Außenbeauftragte Solana beiden Ländern aufgezwungen hatte – weshalb man den Staatenbund Serbien und Montenegro auch »Solania« nannte. Wobei jedem halbwegs Informierten klar war, dass dieser nicht funktionierende Staatenbund von Stagnation geprägt sein würde, dass die Weigerung der Regierung in Belgrad, mit dem Haager Tribunal zu kooperieren, nur in den Abgrund führen könne, dass folglich das Land der schwarzen Berge auch die Zeche für Serbien zu bezahlen hätte. Denn ohne die Zusammenarbeit mit Den Haag, das hatte die EU deutlich gemacht, gäbe es keine, insbesondere von Montenegro so dringend gewünschte Annäherung an die Europäische Union. Die Hoffnung der Montenegriner, sich ohne Serbien schneller auf Europa hinbewegen zu können, war nicht zuletzt darin begründet, dass man hier schon seit Jahren ganz offiziell mit dem Euro zahlt. Im Sommer 2007 bildete sich dann sogar eine Bürgerinitiative, die einen historischen Schlussstrich ziehen möchte: Die Parlamentsentscheidung vom November 1918 über die Vereinigung mit dem damaligen Königreich Serbien soll nun als nichtig anerkannt werden. »Durch die Annullierung der Entscheidung der Versammlung von Podgorica würde die historische Ungerechtigkeit beseitigt, welche Montenegro und seinem Volk zugefügt wurde«, heißt es in dem Antrag, den die Regierung wohlwollend zu prüfen versprochen hat.

Der Kampf der Serben gegen die Souveränität Montenegros hatte freilich auch ganz handfeste wirtschaftliche und strategische Gründe. Denn ohne Montenegro hat Serbien keinen Meerzugang mehr, keinen Hafen also, für Belgrad, das sich zu jugoslawischer Zeit auch als Seemacht verstand, ein herber Verlust. Zugegeben, der wichtigste Import/Export-Hafen Jugoslawiens war von jeher Thessaloniki, und die Marine spielte Ende der 1990er-Jahre sowieso keine Rolle mehr, aber dass der Hafen von Bar nun Ausland sein sollte, kratzte am Selbstbewusstsein eines Staates, der einmal die führende Macht der »Bewegung der blockfreien Staaten« gewesen war. Und dass darüber hinaus auch die Schiffe der stolzen jugoslawischen Marine, deren letzte Reste im Hafen von Kotor vor sich hingammelten, an Länder der Dritten Welt verscherbelt werden würden, schnitt tief in die serbische Seele. Kein Wunder, dass die serbische Agitation von einem Dominoeffekt glaubte warnen zu müssen, der die Region destabilisieren würde. Montenegros Außenminister Milan Roćen, offenbar der starke Mann im Windschatten des politischen Übervaters, Ex-Präsident Milo Đukanović, nach einem Jahr Souveränität: »Der angebliche Dominoeffekt war nur ein Argument der Gegner einer montenegri-

Das romantische Städtchen Perast in der Bucht von Kotor

nischen Unabhängigkeit. Es hieß außerdem, Montenegro könne wirtschaftlich nicht überleben. Im Rückblick haben wir diese Argumente dementieren können. Heute ist Montenegro ein stabiles Land. Das ist auch ein Erfolg der gemeinsamen Außen- und Sicherheitspolitik der EU auf dem Balkan. Montenegro ist eine europäische Erfolgsgeschichte.«

Zudem darf festgehalten werden: Die Wirtschaft Montenegros hatte sich längst von Serbien entfernt, der Bundesstaat Serbien-Montenegro war zum Schluss ein Name, nicht mehr, eine Hülle ohne Inhalt. Seit den späten 1990er-Jahren war das Land bereits selbständig gewesen, es demonstrierte dies mit der Einführung des Euro im Jahre 2002 – nur die famosen Europa-Politiker vom Schlage Solana haben das nicht gemerkt.

Heute hat Montenegro alle Voraussetzungen, in der Oberliga des Tourismus mitzuspielen: Die malerische Felsenküste mit romantischen Badebuchten, weitgehend unbekannte Klöster, Burgen und Moscheen aus drei Kulturkreisen, eine dramatische Berglandschaft, ideal für Wanderer wie für Bergsteiger, lang gestreckte Uferzonen in der Nähe von Olivenhainen,

Getreidefeldern oder Kieferwäldern, verbunden mit einem mediterranen Sommerklima, das alles macht Montenegro zu einem gesuchten Urlauberparadies, weshalb es auch als das »Mallorca des Balkans« bezeichnet wird. Es ist ein Land voller Kontraste: eine Geschichte mit Höhen und Tiefen, eine Kultur, die sich auf Orient und Okzident beruft, Menschen, deren Lebensstil und Brauchtum hundert Jahre auseinanderliegen. In einer Entfernung von nur 100 Kilometern können wir drei verschiedene Naturgebiete unterscheiden: die Meeresküste, die Kalksteinregion und die Gebirgsregion. Und noch ein Kontrast: In unmittelbarer Nähe finden sich die mediterrane Prachtentfaltung exotischer, wärmeverwöhnter Blüten und Alpenpflanzen, die in karger Höhe der Kälte trotzen.

Schauen wir also kurz in die Geschichte dieses Staates und machen uns bewusst, dass es nur schwer sein wird, sie nicht als Glosse zu schreiben. Seit dem Jahre 1697, als ein Mönch namens Danilo Petrović-Njegoš sich zum weltlichen Oberhaupt des Landes erklärte und die eigentlich regierenden Osmanen dies als bedeutungslos hinnahmen, regierte das Geschlecht der »Vladiken« (eigentlich die Amtsbezeichnung der Metropoliten von Montenegro), bei denen die Regentschaft jedoch im Gegensatz zu anderen Herrscherfamilien nicht vom Vater auf den Sohn, sondern vom Onkel auf den Neffen übertragen wurde, weil der Herrscher im Zölibat lebte.

Noch im 19. Jahrhundert, als Südosteuropa aufgeteilt war zwischen Habsburger Reich und Osmanischer Herrschaft, verstanden es Vladiken in der Landschaft des alten serbischen Fürstentums »Zeta«, die überkommene Sippenordnung anstelle der Abhängigkeit vom türkischen Pascha in Skutari zu bewahren. Hilfreich war dabei, dass die Russen das Land als Subversions- und -agitationszentrum am Balkan nutzten, was – und hier kommt jenes Selbstbewusstsein zum Tragen, das ich im 20. Jahrhundert immer wieder bewundern konnte – die Montenegriner zu dem gängigen Spruch verführte: »Wir und die Russen …«

Während einer Krise 1851 legte der Vladika Danilo (wieder ein Danilo, nicht identisch mit dem vorigen) schließlich seine geistlichen Würden ab, erhob sich zum »Gebieter des freien Montenegro« und sein Land zum Fürstentum, was wiederum die damaligen Großmächte nur wenig interessierte, für sie waren das interne Kapriolen der »Hammeldiebe« am Balkan. Und auch der nächste Herrscher, Fürst Nikola, passte in dieses Bild, auch wenn sich dieser dann im Jahr 1910 sogar den Königstitel aneignete und im Jahre 1916 ins Exil nach Italien und von dort weiter nach Frankreich verschwand.

Soweit die Geschichte des selbständigen Montenegro, die 1916 zu ihrem Ende gelangte. Im alten Jugoslawien eine der sechs Teilrepubliken, schließlich Teil des kuriosen EU-Konstruktes, ist Montenegro heute dabei, sich einen Platz in der Völkergemeinschaft zu suchen. Was angesichts des fast völligen Fehlens wirtschaftlicher Möglichkeiten, insbesondere von Exportkapazitäten, schwierig sein wird. Immerhin haben russische Mafiosi die Küste des Landes bereits ins Visier genommen, auch der Besitzer des englischen Fußballklubs »Chelsea London«, Roman Abramowitsch, dachte im Mai 2007 über den Kauf des 13 Kilometer langen Strandes von Velika Plaža nach (inzwischen soll er einen Teil gekauft haben), es bewerben sich aber auch arabische Scheichs und die ungarische Baufirma »Trigranit«. Seit Abramowitsch sein Interesse an dieser Küste, die zu den schönsten in Europa zählt, bekundet hat, stieg hier der Quadratmeter-Preis von 50 auf 250 Euro – kein schlechtes Geschäft also für den Staat, der vorläufig noch Besitzer dieses Küstenstreifens ist.

Aber es geht nicht nur um die Küste: Vor Jahren schon fiel mir am Rande der Hauptstadt eine schrottreife Aluminiumfabrik auf. Die eignete sich am 1. Dezember 2005 der russische Oligarch Oleg Deripaska (über eine zypriotische Tochterfirma) an und baute sie wieder auf, mit der Folge, dass er mit dieser Aluminiumfabrik nun rund 80 Prozent der Exporte des Landes in seinem Besitz hat. Und im Sommer 2007 war zu lesen, dass russische Investoren die Hälfte der Wirtschaft des Landes kontrollieren. Kein Wunder also, dass diese Herrschaften Montenegro als »einen Vorort von Moskau« bezeichnen. Kein Wunder auch, wenn zum Beispiel an der Strandpromenade in Budva für »ausgezeichneten frischen Fisch« im naheliegenden Restaurant in russischer Sprache geworben wird. Und wenn nebenan, in der Boutique, die Verkäuferin ganz schnell russisch lernt, denn »das sind nun mal unsere besten Kunden!«, wie sie fast schon entschuldigend erklärt. Hier in Budva ist schließlich bereits jede vierte Wohnung im Besitz eines Ausländers.

Der Bauer als Millionär – in Montenegro ist das kein Schauspiel, sondern vielfache Realität. Zwar sind die Grundstückspreise noch immer nicht auf das Niveau des benachbarten Dalmatien geklettert, dafür stehen aber die Käufer förmlich Schlange. Diejenigen, die an diesem Kuchen mitnaschen, sprechen von einer »Goldgräberstimmung auf dem Immobilienmarkt«, die anderen, die, aus welchen Gründen auch immer, nicht mit dabei sind, von einer »russischen Invasion«, von einem »Ausverkauf der Küste«, und sie vermuten wohl kaum zu Unrecht großangelegte Geldwäscheaktionen, die offenbar auch relativ einfach zu bewerkstelligen sind, zumal da die montenegrinische Währung der Euro ist.

Kein Wunder denn auch, dass die Europäische Union der politischen Elite des Landes, das sich auf geradem Wege in die EU wähnt, genau auf die (Finanz)Finger schaut und in Berichten deren nachlässigen Umgang mit der überall grassierenden Korruption kritisiert. Wer sich im Lande umhört, erfährt fast an jeder Straßenecke Geschichten über dubiose Geschäfte der politischen Führung. Nicht alle mögen bis ins letzte Detail stimmen, aber viele sind bekannt und belegt.

»Alle reden, manche Journalisten schreiben sogar darüber – doch bleiben die Enthüllungen für die mutmaßlichen Drahtzieher der krummen Geschäfte meist folgenlos«, schreibt Michael Martens in der FAZ. »Kritisieren und schimpfen ist erlaubt, wer allerdings allzu deutlich Namen nennt oder gar selbst in gewisse Geschäfte einsteigen will, ›der sollte aufpassen, dass er nicht gestorben wird‹, wie es ein Beobachter in Podgorica formuliert.«

Die Regierung kümmert sich um die Kritik aus Brüssel freilich wenig, und der Erfolg scheint ihr Recht zu geben. Im Januar 2008 wurde bekannt, dass die Zahl der Arbeitslosen im Jahresabstand um 21 Prozent zurückgegangen ist. Die Nachfrage nach Arbeitskräften ist derzeit so hoch wie zuletzt vor 25 Jahren. Und auch alle anderen Wirtschaftsdaten scheinen die Regierung zu bestätigen: Eine denkbar (im alten Jugoslawien undenkbar) niedrige Inflation von 1,8 Prozent, niedrige Unternehmens- (9 Prozent), Einkommen- (15 Prozent) und Mehrwertsteuer (17 Prozent) und – auch das ist am Balkan ein Sonderfall – die Wirtschaftszweige Banken, Landwirtschaft, Industrie und Dienstleistungen zu 100 Prozent in Privatbesitz. Montenegro als balkanischer Musterknabe – vor allem dank des Tourismus.

Bleiben wir also zunächst beim Tourismus. Für mich ist Budva der reizvollste Ort dieser Küste, von der Lord Byron einmal gesagt haben soll: Im Augenblick, als unser Planet entstanden ist, geschah die schönste Verschmelzung der Erde mit dem Meer an der montenegrinische Küste. Entlang dieser Küste seien Perlen verstreut worden. Budva ist in der Tat eine dieser Perlen. Diese älteste Siedlung an der montenegrinischen Küste liegt malerisch auf einer ehemaligen Insel, die heute durch eine Sandbank mit dem Festland verbunden ist. Die Legende sagt, dass Budva von Kadmos, dem Sohn des phönizischen Königs Agenor, gegründet wurde. Trotz eines verheerenden Erdbebens im Jahre 1979 bietet der Ort inzwischen wieder das geschlossene Bild einer befestigten, mittelalterlichen Stadt mit verwinkelten Gassen und pittoresken Plätzen. Die Altstadt ist umgeben von einer Ende des 15. Jahrhunderts errichteten, weitgehend erhaltenen Stadtmauer, einem mittelalterlichen Festungssystem mit Stadttoren, Verteidigungsmauern und Türmen. Nur aufgrund der Weltabgeschiedenheit dieser Region ist erklärbar, dass hier Kirchen aus dem 7. und dem 9. Jahrhundert zu finden sind, so die Johanniskirche aus dem 7. Jahrhundert, mit Bildern und Ikonen der venezianischen Meister späterer Jahrhunderte geschmückt. Oder die Kirche Maria in Punta aus dem Jahr 840, von den Benediktinern erbaut.

Die Gotteshäuser, auch jene aus späterer Zeit, sind ein Teil der Attraktivität dieser Stadt, der andere ist ein vibrierendes Leben, das Budva zu einer Metropole des Tourismus macht. Hier finden im Sommer die internationalen Theaterfestspiele »Budva-Stadttheater« statt, das mediterrane Musikfestival »Lied des Mittelmeeres« schließt sich an, eine Sommerbühne für verschiedene andere Kulturereignisse – Budva zieht also nicht nur die sonnenhungrigen Badegäste an. Freilich auch ganz andere Gestalten: in einer Tageszeitung lese ich eine lange Spalte, in der Nobelkarossen zu phantastisch günstigen Preisen angeboten werden. Jeweils mit dem Zusatz: Nur im Inland zu fahren! Hier boomt also der Markt für gestohlene Autos aus Mitteleuropa.

Wenig passend zu dem Versuch der Regierung, den Tourismus zum Herzstück der Wirtschaft zu machen, ist das Hotelangebot. Am Strand in Budva habe ich mir so einen Schuppen (ein besseres Wort dafür gibt es nicht) angesehen, der dem Betrachter schon von außen zeigt, wie der Tourismus in Zeiten des Sozialismus ausgesehen hat und wie wenig seither getan worden ist. Der Rost zieht seine braunen Linien über die einst weißen Außenwände, die heute

Budva gilt als die älteste Siedlung an der montenegrinischen Küste.

grau sind. In der Eingangshalle steht der Gast auf grünem oder braunem Filzteppichboden, der abgetreten ist und deshalb immer dreckig wirkt. Bedienungen zeigen einem, dass man eigentlich nicht erwünscht ist, weil man beim Schwätzchen stört, die riesigen Speisesäle (von Ljubljana bis Ohrid im braunen Einheitsstil der sozialistischen »Errungenschaften«) vermitteln den Eindruck einer Bahnhofswartehalle –

nein, die sehen heute gemütlicher aus. Und da sich in diesen Sälen nur einzelne Gäste verlieren, hat das Ganze den Charakter einer Aufführung von »Warten auf Godot«.

Wohlgemerkt: dies sind Beobachtungen in staatlichen Hotels (und die sind von Slowenien im Norden bis Mazedonien im Süden alle nahezu gleich). Die inzwischen privaten sind ganz anders, müssen Vergleiche mit westlichen Hotels nicht scheuen. Beispielhaft für die Attraktivität der Küste ist *Sveti Stefan*, eine ganze Insel, ausgebaut zu einem Hotel. Einstmals ein kleines Inselchen vor der Adriaküste, im Jahre 1442 erstmals aktenkundig erwähnt als Fischerdorf, zu manchen Zeiten auch als Unterschlupf von Piraten genutzt, wurde das damals nahezu verlassene *Sveti Stefan* zwischen 1950 und 1960 zu einem Nobelhotel umgestaltet, wobei man den Charakter des Dörfchens mit seinen engen Gassen bewahrte. 118 Natursteinhäuser mit feinster Innenausstattung warten hier auf Gäste mit erlesenem Geschmack und gefüllter Brieftasche. Die müssen heute keine Angst mehr haben vor Piraten, das Geld wird ihnen ganz legal in einem Casino aus der Tasche gezogen, weshalb die Anlage auch das »adriatische Monaco« genannt wird. Prominente aus aller Welt haben hier schon Ruhe und Erholung gesucht, Sylvester Stallone, Kirk Douglas, Claudia Schiffer, aber auch Helmut Kohl, um nur einige zu nennen. Sofia Loren schwärmte gar: »Es ist, als wäre ich in die Stadt aus dem schönsten Märchen meiner Kindheit zurückgekehrt.«

Doch auch hier hat der Fortschritt in Gestalt des boomenden Tourismus nicht nur ein freundliches Gesicht. Für Einheimische ist der Badespaß um *Sveti Stefan* inzwischen unerschwinglich geworden: 25 Euro verlangt das Ressort nur für den Zugang zum Strand, obwohl im Kaufvertrag der freie Zutritt zum Strand ausdrücklich vereinbart war. Und dies scheint, wie die Zeitungen berichten, kein Einzelfall zu sein, immer öfter wird der Zugang zu den Stränden gesperrt, die noblen Villenbesitzer an der Küste deklarieren »ihren« Strand als privat, schließen die Bevölkerung aus. Böses Blut ist die Folge, Vorwürfe werden laut, dass die Regierung das eigene Land verkaufe. Und der einstige »Bruder« in Belgrad empfindet Schadenfreude: Die Montenegriner werden wohl bald »in einem Land ohne Land leben«, heißt es da, und die Zeitung »Blic« freut sich: »An ihrer Küste werden die Montenegriner zu Fremden.«

Neben *Sveti Stefan* ist auch die Bucht von Kotor sehenswert, die *Boka Kotorska*, der längste und eindrucksvollste Fjord am Mittelmeer. Rund 30 Kilometer hat sich das Wasser der dalmatinischen Küste hier in die Berge hineingefressen. Die Bucht von Kotor ist seit Menschengedenken ein ge-

Die Hotelinsel Sveti Stefan*: moderner Tourismus für Gäste mit gutem Geschmack und dicker Brieftasche*

radezu einmaliger Naturhafen, ideal als Marinestützpunkt – sogar der russische Zar Peter der Große ließ hier seine Seeleute ausbilden. Unter Tito konnte Moskau kurzzeitig an diese Tradition anknüpfen: Kotor wurde zum Marinestützpunkt der sowjetischen Kriegsflotte im Mittelmeer.

Vom Süden kommend kann man auf einer Serpentine den Berg hinauffahren und von oben diese unglaubliche Badewanne betrachten. Dieser dreiteilige Fjord ist mit dem Meer nur durch einen so engen Durchlass verbunden, dass man – so die Legende – hier früher Ketten gespannt hatte, um fremden Schiffen die Zufahrt in den Hafen Kotor zu verwehren bzw. sie erst einmal abzukassieren. Dass diese Bucht früher nicht nur von gesetzestreuen Handelsschiffen als Umschlagplatz genutzt wurde, nicht nur als Stützpunkt der Marine der jeweiligen Herrscher, sondern auch ein perfektes Versteck für Piraten und Schmuggler war, versteht sich von selbst. Zu den Höhepunkten in der Geschichte dieses Hafens zählt, dass von hier aus zwischen den Jahren 1797 und 1918 die Schiffe der österreich-ungarischen Kriegsflotte ausliefen, auch die mächtigen Schlachtschiffe der »Viribus Unitis«-Klasse.

Vom Berg aus gleitet der Blick auf die gesamte Bucht mit einer Reihe von reizenden Städtchen, die uns durch ihre noble Architektur auf die Glanzzeiten der Renaissance und des Barock verweisen. Ist es nur ein Zufall, dass hier, ganz ähnlich wie im nahen Dubrovnik, die Menschen in früheren Zeiten offenbar gebildeter, kultivierter und geschäftstüchtiger waren als in anderen Teilen des Balkans? Oder hat diese Region vom Einfluss profitiert, den die Venezianer auf den gesamten Mittelmeerraum ausgeübt haben – profitiert man in Kotor und Umgebung davon gar bis heute?

Das Zentrum von Kotor selbst ist ein Schmuckstück in der Perlenkette der Adriastädte, eine architekturhistorische Schatzkammer. Die Altstadt gilt als eines der besterhaltenen mittelalterlichen Ensembles im gesamten Mittelmeerraum, auf den ersten Blick wirkt sie, besonders am Abend, wie eine dekorative Theaterkulisse. Wir erkennen hier die für die Siedlungen des 12. bis 14. Jahrhunderts typische Stadtstruktur mit einem asymmetrischen Netz von Straßen, Gassen und Plätzen. Die hervorragend erhaltene Architektur, damals Zweckbauten, heute wertvolle Denkmäler mittelalterlicher Baukunst, hat dazu geführt, dass Kotor in die UNESCO-Liste der »Natur- und Weltkulturerbes« aufgenommen worden ist. Paläste mit grandiosen Fassaden, mit steinernen Balustraden, die jedem Schlosse gut zu Gesicht stünden, finden sich gleich reihenweise – vor diesen imposanten Bauwerken stehend meint man, gleich würde ein nobler venezianischer Handelsdelegierter aus dem prunkvollen Tor treten. Diese Altstadt vor der großartigen Kulisse hoher, verkarsteter Berge weist einen ganz besonderen Baustil auf, wie eingepasst in die steil aufragenden Hänge, wie angeklebt an die Felsen, die aus den Straßen zu wachsen scheinen.

Drei Stadttore sind erhalten, das älteste zum Teil aus dem 9. Jahrhundert, die beiden anderen stammen aus dem 16. Jahrhundert und weisen auf die Renaissance hin. Bis zu einem verheerenden Erdbeben im Jahre 1979 konnte sich Kotor das Bild einer mittelalterlichen Stadt im Original erhalten, seither ist das meiste wieder aufgebaut bzw. restauriert worden, so dass man heute von den damaligen Zerstörungen kaum noch etwas sieht. Gleich hinter dem Haupttor liegt der Hauptplatz, der beherrscht wird vom Uhrenturm, auch Seeturm genannt, einem wuchtigen, quadratischen Bau, drei Geschosse hoch, darüber eine Aussichtsplattform. Im Jahre 2000 wurde der Uhrenturm endlich restauriert, an seiner Vorderseite ist deshalb die Zahl 2000 in großen, steinernen Zahlen angebracht. Vor dem Turm ein Hinweis auf »die gute alte Zeit«: eine steinerne Pyramide, die in frühren Zeiten als Schandpfahl diente.

Die alte Handels- und Seefahrerstadt hat sich seit dem neunten Jahrhundert immer verstanden als Bindeglied zwischen abendländischer und orientalischer Kultur, zwischen Christentum und Islam. Das hat die Christen freilich nicht davon abgehalten, durch den Bau immer neuer Gotteshäuser ihren Glaubensanspruch zu demonstrieren.

Dominierend ist die Kirche *Sveti Tripun*, deren Schicksal identisch ist mit dem der Stadt. Gebaut im 12. Jahrhundert auf den Resten einer kleinen Rundkirche aus dem 9. Jahrhundert, stand diese stolze Basilika bis zu einem Erdbeben im Jahre 1667, als die gesamte Fassade in sich zusammenfiel. Ihr heutiges »Gesicht« erhielt sie durch die Renovierung im Stil der Renaissance. Auch das Erdbeben des Jahres 1979 hat diese Kirche schwer beschädigt, erst seit dem Jahre 2002 ist sie völlig restauriert.

Eine ganz andere Atmosphäre erwartet den Besucher in Bar, der Hafenstadt im Süden des Landes. Hier gibt es keine kulturellen Höhepunkte, die Ruinen von *Stari Bar* weisen auf eine lange, wechselvolle Geschichte mit byzantinischer, serbischer, venezianischer und türkischer Besatzung hin. Zu sehen gibt es sonst noch, na ja, nicht viel. Doch, die alten Olivenbäume, von denen einer angeblich 2400 Jahre alt ist. Ansonsten ist Bar eine ganz normale Großstadt. Normal? Mir fiel im Jahre 2002 auf, dass diese Stadt sich durch Sauberkeit von anderen balkanischen Städten unterschied. In den Straßen kein Müll, in den Parks keine Papier- und Plastiktüten, auf den Gehwegen keine Abfälle. Man fühlt sich wie in Singapur, und das in einer südbalkanischen Hafenstadt, nahe der albanischen Grenze (ich habe nirgends so viel Dreck auf den Straßen gesehen wie in Albanien!). Ein örtlicher Kollege erklärt den Grund. In der Tat hat der Bürgermeister von Singapur gelernt: Abfälle öffentlich zu entsorgen wird hier bestraft, und nicht zu knapp. Menschen verstehen offenbar keine andere Sprache – und das gilt nicht nur für den Balkan.

Noch ein Stück weiter südlich, fast schon an der albanischen Grenze, liegt Ulcinj, eine ganz neue Stadt, obwohl tausend oder – je nach Sichtweise – zweitausend Jahre alt. Kein Gegensatz, denn Ulcinj wurde bei einem verheerenden Erdbeben im Jahre 1979 fast völlig zerstört und erst danach weitgehend originalgetreu wieder aufgebaut. Es war nicht das erste Mal, dass an dieser Stelle eine Stadt unterging: Eine römische Stadt namens *Olchinium* versank im 1. Jahrhundert bei einem schweren Erdbeben im Meer – bei guten Wetter und ruhiger See sind noch heute Ruinen am Meeresgrund zu sehen. Das heutige Ulcinj ist geprägt durch die Jahrhunderte lange Vorherrschaft der Türken, und so ist diese Stadt ein sichtbarer Ausdruck des Zusammentreffens von Orient und Okzident. Die Stadtmauern und ein Teil der Gebäude sind Relikte aus der Zeit, als die Byzantiner hier herrschten. Die Steine für den Bau von Gebäuden in der Altstadt wurden von den Inseln Korčula und Brač (heute Kroatien) nach Ulcinj gebracht. Der Wehrturm *Kula Balšića* an der Stelle, wo die Halbinsel ins Festland übergeht, wurde zu Beginn des 15. Jahrhunderts erbaut. Der Hof vor dem Turm diente Jahrhunderte als Sklavenmarkt. Gleich neben dem Turm befindet sich eine Kirche aus dem Jahre 1510, die die Türken im Jahre 1573 zur Moschee umgebaut haben.

Während sich die Kirchen im Stadtbild von Ulcinj beinahe verstecken, sind die Minarette der Moscheen nicht zu übersehen. Im Zentrum der Stadt bewundert man die Pascha Moschee, die auf Veranlassung von Pascha Sinan im 17. Jahrhundert erbaut wurde. Diese Moschee, nahe der Altstadt gelegen, ist die älteste noch erhaltene und insofern einzigartig in Montenegro, als sie eine türkische Badeanlage, einen Hamam, besitzt.

Aber so interessant auch Wehrtürme, Moscheen und Kirchen aus dem 15. bis 17. Jahrhundert sein mögen, Ulcinj ist nicht wegen dieser Sehenswürdigkeiten bekannt. Denn mit dem Namen dieser Stadt verbindet sich der längste und schönste Sandstrand am Mittelmeer, Velika Plaža. 13 Kilometer feiner, weißer Sand laden die Sonnenhungrigen zum Abschalten, das kühle Nass der Adria lädt zum Baden ein, das Wasser hier ist so klar und sauber wie anderswo nur selten.

Nur, als ich im Jahre 2002 von Ulcinj südwärts fuhr, um mir diesen Strand anzusehen, war dies eine Pfadfinder-Aktion: kein Hinweis, kein Wegweiser, nichts wies den Fremden auf Wege durch die angrenzenden Wälder und Melonengärten hin zum Strand. Der war dementsprechend leer, nur wenige jugoslawische (serbische) Touristen hatten den Weg gefunden, die lärmenden albanischen Großfamilien waren weitgehend unter sich. Aber nun soll ja alles anders werden, Roman Abramowitsch wird sicher dafür sorgen, dass sich seine Investition auszahlt, vielleicht erleben wir am Strand von Ulcinj demnächst ein kleines Disneyland.

Abseits der von Menschenhand geschaffenen Kulturgüter findet man in Montenegro aber auch ein Kulturgut, das gerade in jüngster Zeit zu entschwinden droht: eine noch weitgehend unbelastete Natur, wie sie in Europa kaum sonst zu finden ist: Den Nationalpark Durmitor, eine überwältigende Bergkulisse, die niemand vergisst, der sie einmal gesehen hat. Vierzigtausend Hektar Wald, Felsenschluchten, Seengebiete – eine wunderbare Landschaft, heute als Weltnaturerbe unter dem Schutz der UNESCO. Touristen stehen hier 2000 Kilometer markierte Alpin- und Wanderwege zur Verfügung, Spaziergänge für die einen, Herausforderung für die anderen. Diese Landschaft, so sagt man, hat die montenegrinische Identität geprägt: die hohen schwarzen Berge mit ihren versteckten Seen, die steilen Gipfel, die schnellen Bergflüsse – eine Landschaft, die Naturburschen zeugt.

Schon 1872 hat der spätere König Nikola dieses unschätzbare Erbe der Natur mit seiner wilden Schönheit gesetzlich geschützt und damit für kommende Generationen erhalten. Der Durmitor, das höchste Gebirge Montenegros, ist Namensgeber auch für den Nationalpark, der europaweit zu den schönstens und interessantesten Naturschutzgebieten zählt und als einer der letzten beiden Urwälder Europas bezeichnet wird. Viele der Bäume hier sind mehr als 500 Jahre alt, hier existieren 26 Ökosysteme, hier kann man nicht nur den Flug des Steinadlers verfolgen, sondern noch weitere 150 Vogelarten beobachten, hier gibt es neben anderen Wildtieren auch noch Bären und Wölfe. Zentraler »Eingang« zu diesem Park ist die Stadt Žabljak, die fast 1500 Meter hoch liegt und damit wohl die höchstgelegene Stadt Europas ist. Und da in den letzten Jahren in Montenegro alles auf touristische Ausbeute untersucht wird, wirbt man hier denn auch mit »zahlreichen Möglichkeiten für einen Aktivurlaub: Bergsteigen, Alpinismus, Wintersport, Paragliding, Radsport, Rafting, Kajak, Fotosafari usw.« Ob das alles der Natur gut tun wird, ist offenbar zweitrangig.

»Aushängeschild« des Nationalparks ist die Tara, der längste Fluss Montenegros, der auch die »Träne Europas« oder das »europäische Juwel« genannt wird. Diese Fluss hat sich im Laufe der Jahrtausende derart tief in das Gestein gebohrt, dass der 144 Kilometer lange Canyon der Tara nun der längste und tiefste in Europa ist, weltweit nur vom Colorado-Fluss im Grand Canyon in den USA überboten. An der tiefsten Stelle der Schlucht ragen die Felsen rund 1300 Meter über das Flussbett. Und natürlich wird auch dies vermarktet: Rafting im Tara-Fluss – das heißt 82 Kilometer schwierige, zum Teil auch gefährliche Fahrt durch Flussschnellen, an Felsen vorbei, immer vom Umkippen bedroht. Die Tara ist eine Herausforderung für jene Abenteurer, die mit einem Kajak oder einem Gummiboot die zum Teil gefährlichen Strecken dieser Schlucht bewältigen wollen. Keine einfache Sache, für weniger Mutige gibt es auch die Fahrt auf einem alten Holzfloß, das von erfahrenen Flößern durch die Stromschnellen gelenkt wird. Aufregend ist es auf jeden Fall, ein

Die »Träne Europas« hat sich bis zu 1300 Meter in die Felsen hineingebohrt.

feuchtes Vergnügen mit der Zugabe Natur pur in kristallklarem Wasser und unwiderstehlich schöner Landschaft.

Am Ostrand des *Durmitor*-Nationalparks gelegen findet sich das wohl bemerkenswerteste Kloster des Landes: das Kloster *Piva* bei Goransko. Ursprünglich stand dieses Kloster, das in den Jahren 1573 bis 1586 gebaut wurde und dem heiligen Sava geweiht ist, flussaufwärts, nahe der Quelle der Piva. Dort aber wollte die jugoslawische Regierung das Tal fluten, um ein Kraftwerk zu errichten. Also wurden nicht nur 12 000 Menschen umgesiedelt, mit Hilfe italienischer Spezialisten wurde das gesamte Kloster Stein für Stein abgetragen und auf sicherer Höhe originalgetreu wieder zusammengebaut. Nicht nur das: die herrlichen Fresken aus dem 16. Jahrhundert wurden großflächig abgetragen und in der neuen Klosterkirche wieder angebracht – selbst Fachleute würden heute keine Fuge, keinen Riss und kein fehlerhaftes Detail bei diesen 1300 Quadratmetern erkennen. »13 Jahre lang hat diese Filigranarbeit gedauert«, meint Abt Nikofor, »zwischen 1969 und 1982, wobei interessant ist zu erwähnen, dass die Bauzeit im 16. Jahrhundert auch 13 Jahre betrug.« Gerettet wurde dabei auch die Schatzkammer des Klosters mit wertvollen Büchern, Handschriften und Ikonen.

Doch Montenegro hat nicht nur Küste und Natur zu bieten, es gibt da auch noch ein paar Städte von unterschiedlicher Attraktivität. Da ist die Hauptstadt, Podgorica, die von 1946 bis 1992 als Titograd firmierte. Für mich ist Podgorica mit seinen 170 000 Einwohnern so ziemlich die trostloseste, langweiligste Hauptstadt auf der gesamten Balkanhalbinsel. Eine Universität, ein Theater, nicht einmal der Sitz des Staatspräsidenten (der residiert in Cetinje, dazu später), Sehenswürdigkeiten – Fehlanzeige. In der Stadtmitte ein Denkmal, König Nikola hoch zu Pferd, ansonsten Balkan, der jedes Vorurteil bestätigt.

Mit Cetinje, der zweiten Hauptstadt allerdings hat Montenegro die bemerkenswerteste Haupt- und Residenzstadt überhaupt (es ist bezeichnend für das Selbstbewusstsein der Montenegriner, dass dieser winzige Staat nicht nur eine, sondern gleich noch eine zweite Hauptstadt hat). Stadt? Eher ein großes Dorf mit 15 000 Einwohnern, das seinen ländlichen Charakter jedoch bewahrt hat. Eine europäische Prinzessin soll Cetinje beschrieben haben mit den Worten: »Dies ist der schönste entlegene Platz im Paradies.« Dieser Platz ist so entlegen, dass nur wenige Touristen das Wenige, was es hier zu sehen gibt, auch wirklich sehen wollen. Dabei ist die historische Hauptstadt ein einziges großes Freilichtmuseum, in dem man einen Eindruck von der wechselvollen Geschichte des Landes bekommen kann. So finden sich auch heute noch zahlreiche Villen der Botschaften aus jener Zeit, als hier noch ein König regierte – immerhin war Cetinje vor dem Ersten Weltkrieg mit seinen vielen Diplomaten eine Art Informationszentrale, über die sich die Großmächte alle subversiven Vorgän-

Diplomaten verfolgten von der ehemaligen Hauptstadt Cetinje aus die Intrigen der um den Balkan ringenden Großmächte.

ge im Pulverfass Balkan austauschen konnten. Neben der Eingangstüre eines unscheinbaren Häuschens finde ich eine Plakette mit der Aufschrift: »1905–1916 Kaiserliche Deutsche Gesandschaft« – kein Druckfehler, so steht's wirklich auf dem Türschild. Und was die »Villa« angeht: Diplomaten unserer Tage würden sich dieses Haus nicht einmal ansehen.

Nicht das kleine Schloss des Königs ist hier die eigentliche Attraktivität, sondern die Residenz des einstigen Kirchenfürsten und Dichters Njegoš, der nicht nur ein kluger Staatsmann, nicht nur ein bemerkenswerter Dichter, sondern auch ein begeisterter Billardspieler war. Vorhanden ist in diesem ebenerdigen Gebäude noch jener Billardtisch, den er in Paris gekauft hat, zu Schiff nach Kotor bringen und von da auf abenteuerlichen Wegen – auf dem Rücken von Maultieren nämlich – über die Berge nach Cetinje transportieren ließ.

Trotzdem, Spott ist unangebracht, denn Fürstbischof Petar II. Petrović-Njegoš (so sein ganzer Name), 1813 geboren, 1851 in Cetinje verstorben, erzogen von dem serbischen Dichter Sima Milutinović Sarajlija, war ein weitblickender Staatsmann, ein Mann, der sich in fünf Sprachen fließend unterhalten konnte, ein Glück für Montenegro. Er las deutsche Klassiker im Original (während seines Studiums in Deutschland hatte er Herder, Uhland und auch Goethe kennengelernt), ebenso französische Philosophen oder Shakespeares Dramen. Daneben aber organisierte er das Chaos, das sich zu diesem Zeitpunkt hier Staat nannte, führte Verwaltungs- und Vollzugsbehörden ein, rief 1843 die erste Schule des Landes ins Leben und gründete in Cetinje eine Druckerei – wohl nicht ganz uneigennützig, schließlich wollte er seine Werke verbreitet sehen. Immerhin wurden hier auch die ersten Schulbücher gedruckt. Diese Druckerei ist übrigens heute noch zu besichtigen. Unsterblich ist er auch aus einem ganz simplen Grund: sein Grabmal, ein riesiges Mausoleum, einem Adlerhorst gleich, krönt die Spitze des 1657 Meter hohen Berges Jezerski Vrh.

Der letzte Herrscher der Dynastie Petrović-Njegos war der spätere König Nikola, der – auf Umwegen – europäische Bedeutung erlangt hat. Verheiratet war König Nikola mit der bildschönen Montenegrinerin Milena, mit der er ein volles Dutzend Kinder zeugte, drei Buben und neun Töchter. Und da er einige von ihnen mit angesehenen Fürstenhäuser zu verkuppeln suchte (mit Erfolg, er bekam den Spitznamen »Schwiegervater Europas«), wurde von seinem Wirken sogar die Operette inspiriert: Franz Lehars »Lustige Witwe« hat das montenegrinische Könighaus kaum verschlüsselt dargestellt und damit – man schrieb schließlich das Jahr 1905 – fast zu einem diplomatischen Eklat mit dem Haus Habsburg geführt. 1916 hatte das Land genug von ihm, mit Hilfe der Österreicher wurde er vertrieben, er ging zunächst nach Italien und von dort nach Frankreich ins Exil, wo er 1921 starb.

Vielleicht braucht Montenegro heute wieder einen Organisator wie Fürstbischof Petar, denn, sieht man von Einnahmen aus dem Tourismusgeschäft und von dem Landausverkauf an die Russen ab, fließen die Einnahmen für den Staat nur spärlich. Man hat kein Geld, dafür aber einen schlechten Ruf, denn das Land gilt als Eldorado für Schmuggler. Insbesondere dem ehemaligen Präsidenten und Regierungschef Milo Đukanović, der seinen unglaublichen Reichtum nur schwer erklären kann, wird immer wieder mal vorgeworfen, mit undurchsichtigen Geschäften zu Geld gekommen zu sein. Wobei nicht vergessen werden darf: Er war es, der die Abspaltung von Belgrad betrieben und damit das Land in die Unabhängigkeit geführt hat, der mit Intelligenz und großem Geschick seine politischen Gegner ins Leere hat laufen lassen, der sich mit großem Mut dem Druck aus Belgrad widersetzt hat.

Dabei ist Đukanović das politische Ziehkind des serbischen Diktators Milošević. Aber es spricht durchaus auch für sein politisches Fingerspitzengefühl, dass er sich rechtzeitig, im Jahre 1997, von seinem serbischen Gebieter losgesagt und einen eigenständigen Weg der politischen Führung gefunden hat. Um ein Mann mit Zukunft zu bleiben, bezeichnete er damals Milošević als einen Mann der Vergangenheit. Natürlich hatte dies in Belgrad Hassausbrüche zur Folge, ich erinnere mich an ein Gespräch mit dem Pressechef von Milošević, der mir damals – Đukanović war gerade Präsident geworden – wortwörtlich erklärte: »Wissen Sie, Herr Kleinert, ich kenne mich in Italien ganz gut aus. Einen Präsidenten Đukanović kennt dort niemand. Aber einen Mafia-Gangster Đukanović kennen eine ganze Menge Leute!«

Heute residiert Đukanović, der seit Februar 2008 wieder als Ministerpräsident firmiert, auch als Geschäftsmann, er ist beteiligt an einer Privatuniversität in Podgorica und reist schon mal, aufgrund von Investitionsprojekten, in die Vereinigten Arabischen Emirate. In Wirklichkeit hatte wohl niemand geglaubt, dass sich ein Politiker seines Formates, seines Machtinstinktes und seiner nationalen und internationalen Verbindungen so einfach aus der Politik verabschieden würde.

Wie es im Lande weitergehen soll, weiß wohl auch Đukanović nicht. Denn es ist längst noch nicht ausgemacht, dass die Souveränität, trotz aller Erfolgsmeldungen bezüglich des Sommertourismus und der russischen Anleger, eine Erfolgsstory wird. Im Frühjahr 2008 war bereits zu hören, dass die Investitionen deutlich rückläufig sind. Die große Unbekannte ist, ob es gelingt, diesen Staat, der ja viel mehr vom gebirgigen Landesinneren und den dortigen wirtschaftlichen Problemen geprägt wird als von der Küste und ihren zahlungskräftigen Urlaubern, zu einem prosperierenden Ganzen zu verschmelzen. Die Ausrede von der Abhängigkeit von Belgrad und dem politischen Chaos dort zählt künftig nicht mehr, für eigene Versäumnisse gilt die eigene Verantwortlichkeit, die in Podgorica. Nun werden Probleme sichtbar, die rasch gelöst werden müssen. Und die sind beachtlich: Die Infrastruktur ist miserabel, Energie muss eingekauft werden (obwohl genügend Voraussetzungen für Wasserkraft vorhanden wären) und von einer Rechtssicherheit ist nichts zu spüren, von Korruption dafür umso mehr.

Trotzdem ist es Montenegro inzwischen gelungen, mit der Europäischen Union ein Stabilisierungs- und Assoziationsabkommen zu unterzeichnen, das dem Lande Finanzmittel aus den EU-Töpfen beschert. Es sei besser, Stabilität auf den Balkan zu exportieren, als Instabilität aus der Region nach Mitteleuropa zu importieren, meint man in Brüssel. Mit einem Wirtschaftswachstum von sechs Prozent und dem Zufluss ausländischer Direktinvestitionen von 500 Millionen Euro (im Jahre 2006) kann Montenegro denn auch durchaus zufrieden sein. Da wird dann auch kein Gedanke daran verschwendet, dass Geldwäsche ein international geächtetes Delikt ist. Gesetze dagegen und gegen die grassierende Korruption sind, zumindest bis die EU-Mitgliedschaft unmittelbar vor der Tür steht, nicht zu erwarten. Denn man weiß, das Geld der Anleger wird weiter fließen, die Investitionen scheinen sich auf absehbare Zeit zu lohnen, und das »Schmieröl« fällt dagegen kaum ins Gewicht.

Mazedonien

Konfliktträchtiger Name

ÜSKÜB, KALKANDELEN, MANASTIR – das sind für den Karl-May-Leser vertraute Städtenamen, er weiß sofort, er ist »In den Schluchten des Balkan«, er reist »Durch das Land der Skipetaren«. Der Balkan-Reisende unserer Tage dagegen, in Mazedonien unterwegs, wird mit diesen Namen nur wenig anfangen können, sie sind heute auf keiner Landkarte zu finden. Im 19. Jahrhundert aber, als Karl May den Balkan beschrieb, herrschten hier die Osmanen, die diese Städte natürlich mit türkischen Namen versehen hatten, ungeachtet historischer Bezüge. Erst als zu Beginn des 20. Jahrhunderts die Türken zurückgeworfen werden konnten, gab es wieder Skopje, Tetovo und Bitola (erinnern Sie sich: aus Slowenien kennen wir eine vergleichbare Entwicklung). Und seit 1945 gibt es auch eine ziemlich willkürlich geschaffene Nation, ein mazedonisches Nationalgefühl und eine um den Namen international kämpfende Bevölkerung. Auch wenn sowohl Griechen als auch Bulgaren behaupten, die »mazedonische Nation« sei eine »Erfindung der Komintern und Josip Broz Titos« (was historisch gesehen ein blühender Unsinn ist), im 21. Jahrhundert ist Mazedonien ein europäischer Staat auf dem Weg in die EU.

Trotzdem, wer heute von Mazedonien spricht, kann leicht in Fettnäpfchen treten. Denn für Griechenland ist der nördliche Nachbar, zumindest dem Namen nach, nicht mehr als ein Rest: FYROM – Former Yugoslav Republic Of Macedonia, wie das Land international korrekt, also auch in der UNO, geführt wird. Griechenland fürchtet nämlich, so sagt es zumindest, dass Mazedonien Ansprüche erheben könnte auf den Nordteil Griechenlands, der sich aus den gleichen historischen Wurzeln speist und eben auch Mazedonien heißt. Und es verweist auf Alexander den Großen, der sich unzweifelhaft als Hellene fühlte, vergisst dabei aber großzügig, dass für die klassischen Griechen die Mazedonier Barbaren waren und Alexanders Vater Philipp II., der gegen griechische Stadtstaaten zu Felde zog, nach Demostenes »kein Hellene« war, »sondern ein Barbar des verworfensten Gelichters, ein nichtswürdiger Mazedone«.

Aber Griechenland beruft sich auch – heute sicher zu Unrecht, zu Zeiten der Staatsgründung Mazedoniens zurecht – auf den Aufruf der Kommunistischen Partei Mazedoniens, die bei ihrer Etablierung am 2. August 1944 den folgenschweren Satz in die Welt setzte, dass man »auch die Vereinigung aller Teile Mazedoniens erreichen« wolle, von denen die »Balkan-Imperialisten sie 1913 und 1919 getrennt« hätten. Für die Griechen ein wunderbarer Grund für die Unterstellung, der Gedanke der mazedonischen Staatlichkeit sei von Anfang an von einer aggressiven Absicht geprägt gewesen. Was, wenn man ein paar Extremisten außer Acht lässt, nicht zutrifft, denn die Verfassung des Landes spricht ausdrücklich davon, dass mit dem Namen »keine Einmischung« in die Rechte anderer Staaten verbunden ist und legt in einem Verfassungszusatz fest, dass Mazedonien keine territorialen Ansprüche seinen Nachbarn gegenüber erhebe.

Skopje kam damit den Griechen entgegen, die sogar im Rahmen der Europäischen Gemeinschaft 1991 gegen Mazedonien agiert und verlangt hatten, der neue Staat müsse sich verpflichten, keine territorialen Ansprüche zu erheben. Die gespielte Angst der Griechen war freilich ziemlich lächerlich – als ob die 10000 Mann starke, also winzige Armee der Mazedonen gegen die hochgerüstete Armee der Griechen in den Krieg ziehen könnte, um Thessaloniki zu erobern! Ein ziemlich absurder Verdacht, denn das kleine Land mit 2,1 Millionen Einwohnern dürfte weder jetzt noch in aller Zukunft in der Lage sein, den großen Nachbarn in irgendeiner Weise herauszufordern. Andererseits haben auch die Mazedonier ihr Provokationspotential entdeckt, indem sie dem Flughafen Skopje Ende 2006 den Namen »Alexander der Große« gaben.

Was die Argumentation der Griechen jedoch endgültig als Agitation entlarvt, ist die Tatsache, dass den Griechen der Name Mazedonien im 20. Jahrhundert offenbar so egal war, dass sie erst nach der staatlichen Souveränität von »FYROM« den historischen Namen wieder entdeckten und ihn im Jahre 1993 in ihre Verwaltung als »Ministerium für Mazedonien und Thrakien« aufnahmen.

Ich werde mich hier nicht der Diplomatensprache bedienen, sondern weiter von Mazedonien reden, jenes Gebiet beschreibend, das erst 1991 ein unabhängiger, souveräner Staat geworden ist, das erste Mal übrigens seit der Eroberung durch die Römer im ersten Jahrhundert unserer Zeitrechnung. Da dies kein Geschichtsbuch sein soll, hier nur die wichtigsten Stationen: Nach der römischen Besatzung war Mazedonien byzantinisch, bulgarisch, serbisch und – seit 1389 – osmanisch. Als Durchgangsland immer begehrt und damit verwundbar, war es bis gegen Ende des 20. Jahrhunderts von feindlichen Nachbarn, den sogenannten vier Wölfen, bedroht: Im Norden lauerte Serbien, dessen Kirche die mazedonische Schwester bis heute nicht anerkennt, im Osten Bulgarien, das die mazedonische Sprache als bulgarischen Dialekt auffasst und darauf verweisen kann, dass die gesamte Geschichte der slawischen Mazedonier Teil der bulgarischen Geschichte ist. Im Süden drohte Griechenland, das – wie oben beschrieben – den Namen der ehemaligen jugoslawischen Republik als Anspruch auf die eigene gleichnamige Provinz ablehnt, und im Westen Albanien, mit dem das Land die Loyalität seiner albanischen Minderheit noch immer teilen muss.

Von allen Seiten lauern die »vier Wölfe« – keine sehr komfortable Lage für Skopje.

Drei der Wölfe, nämlich Bulgarien, Griechenland und Albanien, stellten Anfang der 1990er-Jahre keine Gefahr mehr dar, der vierte allerdings eine ganz konkrete. Denn der serbische Diktator Milošević unternahm Anfang des Jahres 1992 ganz ernsthaft den Versuch, den griechischen Premier Mitsotakis zu überreden, gemeinsam Mazedonien zu zerschlagen und untereinander aufzuteilen. Mitsotakis verhielt sich korrekt, er lehnte das völkerrechtswidrige Angebot von Milošević nicht nur ab, sondern brachte auch noch an die Öffentlichkeit – der serbische Diktator stand blamiert da (was ihn, dem Ehre ein Fremdwort war, natürlich nicht störte).

Schon Bismarck hatte erkannt: Wer das Vardar-Tal beherrscht, besitzt den Balkan. Nach dem Ersten Weltkrieg als serbische Provinz geführt, nach 1929 als Vardar-Departement (um den Namen Mazedonien und damit Streit mit den Griechen zu vermeiden), während des Zweiten Weltkrieges von den Bulgaren besetzt, erhielt das Land erst durch Tito seinen heutigen Namen und mit dem Mazedo-Slawischen seine Amts- und Schriftsprache. Im Jahre 1967 folgte der nächste Schritt in Richtung Souveränität: Die mazedonische Kirche trennte sich formal und öffentlich vom serbischen Patriarchat und betrachtet sich seither als autokephal, sehr zum Ärger der serbisch-orthodoxen Kirche – ein Streit, der nie ausgeräumt worden ist. Dabei hat der kleine Staat im Inneren Probleme genug, denn die albanische Minderheit, je nach Zählung ein Viertel bis ein Drittel der Gesamtbevölkerung, sorgt immer wieder, weil angeblich benachteiligt und unterdrückt, für nationalistische Konflikte.

Soviel zur Politik und den sinnlosen Streitereien um Namen. Wichtiger erscheint mir freilich, dass dieses faszinierende Mazedonien eine Fundgrube für den Kunst- und Kulturinteressierten ist. Hier sind auf engstem Raum zahllose Schätze zu finden, orthodoxe Kirchen und Klöster, mittelalterliche Festungen (bzw. die Reste davon), türkische Moscheen und historische Denkmäler, Ikonen und Fresken – und das alles in einer, zumindest im Süden des Landes, weitgehend unzerstörten Natur. Zu hinterfragen ist freilich, dass die Tourismuswerbung »die mündliche Überlieferung der mazedonischen Volkspoesie« anpreist. Die Bulgaren, die das Mazedonische für eine Mundart des Bulgarischen halten, würden dies sicher nicht unterschreiben wollen, ebenso wenig wie Griechen und Serben. In Wirklichkeit dürfte die Standardisierung der mazedonischen Sprache als identitätsstiftendes Element zu betrachten sein, eine eigenständige mazedonische Literatur wird sich jedoch erst noch entwickeln müssen.

Die Hauptstadt Skopje ist eigentlich ein Zwitter. Der moderne Teil der Stadt auf der einen Seite des Flusses Vardar funktionell und langweilig, die Altstadt, geprägt vom reizvollen Nebeneinander der Moscheen und orthodoxen Kirchen, atmosphärisch, heimelig und stimmungsvoll. Mit rund 650 000 Einwohnern ist Skopje die größte, gleichzeitig aber auch die am wenigsten attraktive Stadt des Landes – mit einer Ausnahme: die eben erwähnte Altstadt, die den Besucher mit türkischem Flair empfängt, die mit ihren schmalen Gassen und den kleinen Häusern balkanische Gemütlichkeit verbreitet und mit einem Basar – einem der letzten am Balkan –, der eine große Tradition hat: Bereits im 11. Jahrhundert wird hier ein großer Markt erwähnt. Der hat sich seither natürlich immer weiter entwickelt, aus den Schlammwegen von einst wurden gepflasterte Straßen, aber der Besucher erhält trotzdem den Eindruck, als sei er hier in einen originalen Basar geraten: Noch immer grenzen sich die verschiedenen Zonen ab, noch immer sind die Bezirke nach Berufsgruppen und Warenangebot unterteilt, noch immer verströmen kleine Krämerläden den Geruch von exotischen Gewürzen.

Einen Überblick über die Altstadt gewinnt man am besten, wenn man den kurzen Weg hinauf zur Festung *Kale* nicht scheut. Seit dem Erdbeben von 1963 ist das Wort Festung zwar ein wenig zu hoch gegriffen, in Wirklichkeit handelt es sich um eine Ruinenlandschaft, deren Stadtmauer wieder aufgebaut worden ist und die eigentlich nur durch einen im Grundriss quadratischen Wehrturm besticht. Für alle Eroberer war *Kale* durch seine Lage hoch über der Stadt ein idealer Stützpunkt, die Ursprünge dieser Festung gehen bis ins 6. Jahrhundert zurück, die heutige Form entstand im 10. und 11. Jahrhundert, die Osmanen nutzten das Gelände später für ihre Militärbaracken. Auch die Jugoslawische Volksarmee stationierte hier bis zum Erdbeben 1963 ihre mazedonischen Einheiten, seither ist das Gelände ein riesiger Freizeitpark.

Zurück von der Festung befindet man sich wieder in der *Čarsija*, dem Basarviertel, bei dem ein Blick auf die Moscheen, die orthodoxe Kirche *Sveti Spas*, den alten Hamam (das türkische Badehaus) und die Karawansereien lohnt, die zwar auch zerstört waren, die aber heute wieder originalgetreu aufgebaut worden sind und nun für Kunst- und Kultur-

ausstellungen genutzt werden. Mit dem Hamam verbindet sich eine reizende Legende: Um an dieser Stelle sein Badehaus errichten zu können, ließ Daut Pascha angeblich eine alte Kirche, *Sveti Demetrius*, abreißen. Als er jedoch mit seinem Harem das erste Bad nehmen wollte, floss aus den Hähnen kein Wasser, sondern es krochen Schlangen heraus. Das ging so lange weiter, bis der Wesir an anderer Stelle die Kirche wieder errichten ließ.

Aber auch ohne Legenden ist diese Altstadt ein einziges Vergnügen, neben den großzügigen Profanbauten, die osmanische Feudalherrn hinterlassen haben, stehen zahlreiche große und kleine Moscheen, und dazwischen die putzigen Kebab- und Ćevapčići-Buden, die mit wackligen Stühlen und Tischen in der Fußgängerzone eine behagliche Atmosphäre ausstrahlen, zum Rasten einladen, zum Genießen köstlicher Spezialitäten. Wer in diesem bunten Basar angekommen ist, weiß, was balkanische Gemütlichkeit bedeutet.

Ganz anders drüben, jenseits der alten steinernen Brücke

Nur vordergründig ist der ethnische Konflikt zwischen muslimischen Albanern und orthodoxen Slawo-Mazedoniern gelöst – unter der Oberfläche brodelt es weiter.

Kameni Most, die ein Wahrzeichen von Skopje ist. Dieser Teil der Stadt ist praktisch neu, nachdem ein verheerendes Erdbeben am 26. Juli 1963 rund 80 Prozent der Bausubstanz in Schutt und Asche legte, mehr als 1000 Menschenleben kostete und 100 000 obdachlos machte. Mit internationaler Hilfe wurde die Stadt wieder aufgebaut, hässlich, in dem in den 1960er-Jahren üblichen sozialistischen Einheitsstil, der hin und wieder durch pseudofuturistische Experimente unterbrochen wurde, zum Beispiel beim Postamt oder bei der Universität. Zu diesen Äußerlichkeiten passt, dass die Fußgängerzone angefüllt ist mit schicken Geschäften, Restaurants und Bars. Es passt freilich auch, dass das Geburtshaus der Mutter Theresa, die hier am 27. August 1910 als Agnes Gonxha Bojaxhiu geboren wurde, der Abrissbirne zum Opfer fiel – heute erinnert ein Gedenkstein in einem kleinen Blumenbeet daran, wo dieses Haus einst stand. Rund um diesen Gedenkstein Häuser von abstoßender Hässlichkeit, ich wundere mich, dass Skopje so wenig für seine weltweit prominenteste Bürgerin übrig hat.

Fast schon symbolhaft, dass die von den Türken erbaute Brücke *Kameni most* und das Basarviertel beim großen Erdbeben kaum beschädigt worden sind. Heute erinnert aber auch im modernen Skopje nur noch die Uhr am alten Bahnhof (in dem heute ein Museum untergebracht ist) an die Katastrophe von 1963: Sie ist damals stehen geblieben und zeigt noch immer den Zeitpunkt des Erdbebens an, 5 Uhr 17.

Der Fluss Vardar trennt aber nicht nur Alt- und Neu-Skopje, er trennt auch die beiden Volksgruppen: Orthodoxe Mazedonier auf der einen Seite, im Basarviertel auf der anderen die moslemischen Albaner. Beide Ethnien leben nicht mit-, sondern bestenfalls nebeneinander. Etwa ein Viertel der Bevölkerung Mazedoniens sind Albaner (von albanischer Seite wird die offizielle Zahl bestritten, sie geht von einem Drittel aus), und über Jahre hinweg fühlten diese sich von der Mehrheit diskriminiert. Erst der Vertrag von Ohrid im Jahre 2001 schuf eine gewisse Entspannung, nun ist eine albanische Partei an der Regierung beteiligt, und das zentrale Problem scheint heute zu sein, dass es zwei albanische Parteien gibt, die sich untereinander nicht einig sind. Der internationalen Gemeinschaft gilt Mazedonien als Erfolgsgeschichte am Balkan, da der drohende Bürgerkrieg mit dem Vertrag von Ohrid unblutig abgewendet werden konnte. Ohrid – das ist auch heute der zentrale Begriff in der Politik des Landes, der beschreiben soll, dass das Zusammenleben der Ethnien funktioniert. So bezeichnet Außenminister Milošoski Mazedonien gar als Exportmodell für eine multi-ethnische Gesellschaft, und Parlamentspräsident Georgievski erklärt das »Geheimnis«, warum das Zusammenleben hier besser funktioniert als in den anderen Balkan-Staaten mit den Worten: »Wir haben unsere Lektion aus der Geschichte gelernt.«

Trotzdem belauern sich beide Ethnien, und nach wie vor sind Nadelstiche an der Tagesordnung. Ein Beispiel: Da die Slawo-Mazedonier kyrillisch, die Albaner aber lateinisch schreiben, sieht eine Regelung für Skopje zweisprachige Straßenschilder vor. Natürlich wagt der Bürgermeister nicht, diese Regelung in Frage zu stellen, er unterläuft sie aber trotzdem, indem er vorgibt, kein Geld für diese Umstellung zu haben. In der Realität lebt man leider nach wie vor in getrennten Welten. Wenn Staatspräsident Crvenkovski die Si-

Ausdruck eines nationalen Selbstbewusstseins: Die Kirche gewinnt sichtbar wieder an Bedeutung.

tuation seines Landes mit den Worten beschreibt: »Die Idee ist nicht Assimilation, sondern Respekt für die Unterschiede«, dann ist dies wohl mehr ein frommer Wunsch als die Realität. Zumal da es ja nicht nur um Slawo-Mazedonier und Albaner geht, hier leben auch Türken und Serben, Bosniaken und Roma, Kroaten und Valachen.

Ich habe in den Jahren 2000 und 2001 lange in Mazedonien gearbeitet, habe damals eine Situation erlebt, die fast schon als Bürgerkrieg zu bezeichnen war, habe aber auch das Abkommen von Ohrid sich entwickeln sehen und die Folgen für das Zusammenleben der Menschen beobachtet.

Was sind die Hintergründe? In den Jahren 1999 und 2000 hatte sich in Mazedonien eine albanische Untergrundtruppe herangebildet, die den Namen der kosovarischen Befreiungsarmee übernommen hatte und sich UCK nannte (»Ushtria Çlirimtare e Kosovës«, auf deutsch: Befreiungsarmee des Kosovo). Wie das Vorbild im Kosovo agierten diese Kämpfer durchaus militant, und sie waren nicht zuletzt deshalb so erfolgreich, weil sie sich im albanischen Bevölkerungsteil wie Fische im Wasser bewegen konnten. In der Tat wurde die albanische Minderheit von der slawo-mazedonischen Mehrheit oftmals wie ein lästiges Anhängsel betrachtet, von der Verwaltung schikaniert und von der Politik als zweitklassig behandelt. Die Konsequenz: Kein Albaner hätte »seine« Kämpfer verraten, und alle waren davon überzeugt (nicht zuletzt durch den »Erfolg« der UCK im Kosovo), dass es nur durch militanten Protest zu einer Besserung kommen werde.

Wie aufgeheizt die Situation damals war, habe ich in Kumanovo erlebt, einer Stadt nordöstlich von Skopje, die ich aus der Karl-May-Literatur als Kumanova kannte. Hier Auszüge aus dem Text meines Fernsehfilmes aus dem Jahre 2001: »Auf den ersten Blick scheint die Lage in Kumanovo ganz normal. Doch dieser Schein trügt. Denn Kumanovo liegt in einem Gebiet, von dem der Ministerpräsident sagt, hier sei Krieg. Und auch wenn man den Donner der Geschütze nicht hört, die Flüchtlinge hier beweisen, dass von Normalität nicht die Rede sein kann. Beim Roten Kreuz treffen wir einen Bauern aus Lopate, einen slawischen Mazedonier. Er ist dem Evakuierungsaufruf der Regierung gefolgt, ist nun mittellos, braucht Hilfe. ›Wir haben zu Hause mit den Albanern wie Brüder gelebt‹, sagt dieser Mann, ›wir haben sogar unsere religiösen Feste zusammen gefeiert. Und ich glaube, auch in der Zukunft können wir zusammenleben. Es gibt überall gute und schlechte Menschen. Ich möchte jedenfalls so schnell wie möglich wieder nach Hause.‹

Von den Albanern hören wir ähnlich friedlich Töne. Die Wirklichkeit aber sieht anders aus: Die albanischen Geschäfte sind zumeist geschlossen, dem Deutschen, der mit einem mazedonischen Kameramann auftaucht, begegnet man zunächst mit Misstrauen. Dabei geht unter, dass die überwiegende Mehrheit der Menschen beider Volksgruppen durchaus miteinander zu leben bereit ist. Denn eigentlich ist unstrittig: Die Forderungen der Albaner sind so unbillig nicht. Sie, die etwa ein Drittel des Staatsvolkes stellen, wollen in der Verfassung genannt werden, sie wollen ihre Sprache offiziell anerkannt wissen und sie wollen in der Armee, der Polizei und der Verwaltung anteilmäßig beteiligt werden. Mit anderen Worten: Sie wollen gleichberechtigt sein.

Mit ihren Gewaltaktionen haben die UCK-Kämpfer der Sache der Albaner jedoch einen Bärendienst erwiesen. In dieser Situation wäre nun ein Ministerpräsident gefragt, der die ethnischen Fragen des Landes mit Fingerspitzengefühl behandelt. Georgijevski hat sich bisher jedoch nicht eben durch Sensibilität hervorgetan.«

Bleibt nachzutragen: Ljubco Georgievski verlor im Jahr darauf die Wahlen, wurde wegen Korruption angeklagt und setzte sich schließlich nach Bulgarien ab. Und sein Innenminister Ljube Boškoski musste sich vor dem Kriegsverbrechertribunal in Den Haag verantworten. An den Vorfall, der zu diesem Prozess führte, kann ich mich deshalb gut erinnern, weil ich damals nur knapp mit heiler Haut aus dem Konflikt heraus kam, in den ich als harmloser Beobachter hineingeraten war.

Es ist August 2001, die albanischen Freischärler haben zu diesem Zeitpunkt etwa 60 Angehörige der Sicherheitskräfte getötet, in Ljuboten, etwa zehn Kilometer nördlich von Skopje, werden bei einem Anschlag acht Soldaten ermordet. Nun kommt es zu einem Racheakt der Armee. Als ich am Tag darauf mit dem Kamerateam nach Ljuboten komme, merke ich bereits am Ortseingang die feindliche Stimmung. Ein paar Meter weiter wird unser Auto angehalten, mit hasserfüllten Gesichtern zerren uns zwei Albaner von den Sitzen, einer der wild aussehenden Rebellen hält mir seine Pistole an die Schläfe. Versuche, die Stimmung zu beruhigen, fruchten nicht, für diese Menschen ist jeder, der nicht aus dem Dorf stammt, ein slawo-mazedonischer Terrorist. Wie wir freigekommen sind, weiß ich nicht einmal mehr, wir konnten jedenfalls kein einziges Bild drehen und haben uns in aller Eile in Sicherheit gebracht.

Nach langen Verhandlungen gelang es wenige Tage später mit dem Vertrag von Ohrid, genau die oben erwähnten Forderungen der Albaner in die politische Wirklichkeit umzusetzen – na ja, fast, wie der Konflikt um die Straßenschilder in Skopje beweist. Tatsache ist jedoch, dass die Albaner nun in den Orten, in denen sie mehr als 20 Prozent der Bevölkerung stellen, bei Verwaltungsvorgängen ein Recht auf die eigene Sprache haben, dass sie heute eigene Schulen und Universitäten besitzen und dass sich ihr Anteil bei Polizei und Armee erheblich verbessert hat. Dass sie sich nun gegenseitig Konflikte bereiten, weil die beiden Parteien DUI und DPA sich jeweils als die allein seligmachende Albanerpartei fühlen, hat mit ethnischen Problemen nichts mehr zu tun. Denn natürlich gibt es nach wie vor ungelöste Probleme genug, und von einer endgültigen Lösung der ethnischen Frage ist man immer noch weit entfernt. Nur ein Beispiel: in den Schulen werden albanische und slawo-mazedonische Kinder getrennt unterrichtet, die englische Sprache ist für alle Kinder in der Grundschule Pflichtfach, nicht jedoch albanisch. Die Kontakte der Schüler beider Ethnien beschränken sich auf die Sportausbildung.

Wie aufgeheizt die Lage damals im Jahre 2001 war, habe ich auch in Tetovo, im Norden Mazedoniens nahe der Kosovo-Grenze erlebt. Dort bilden die Albaner mit rund 75 Prozent eine dominierende Mehrheit. In der ARD war gerade eine Dokumentation über das Kosovo ausgestrahlt worden, die in der Tat manipulativ die Albaner auf die Anklagebank setzte und von Milošević dann auch konsequenterweise für seine Verteidigung beim Kriegsverbrechertribunal in Den Haag benutzt wurde.

Als ich auf dem Markt in Tetovo drehe, deutlich sichtbar am Mikrofon das ARD-Logo, werde ich plötzlich umringt, beschimpft, die Fäuste kommen bedrohlich nahe. Mit Mühe kann ich der aufgebrachten Menge klarmachen, dass ich nicht verantwortlich bin für die Fehlleistung der Kölner Kollegen. Natürlich versteht man in einem Lande, in dem das Fernsehen eine Art Regierungsinstrument ist, nicht so ohne weiteres, wie differenziert das deutsche Fernsehsystem aufgebaut ist. Wie gut, dass es hier viele Männer gibt, die als Gastarbeiter in Deutschland waren und Deutsch sprechen, sie sind es schließlich, die mich verstehen und für ein friedliches Ende dieser Konfrontation sorgen.

Ich gehe mit dem Kamerateam weiter zum nahegelegenen Hauptplatz. Da fallen Schüsse, wir drücken uns in einen Hauseingang. Von der über der Stadt gelegenen Festung Kale (schon wieder Kale, wie in Skopje) rattern die Maschinengewehre ihre tödlichen Garben auf die Stadt. Die Hauptstraßen sind ausgestorben, nur in einigen Gassen, die nicht vom Berg einzusehen sind, spielen ein paar Buben Fußball. Szenen wie in einem Horrorfilm – und doch ist es Realität: Tetovo, die zweitgrößte Stadt in Mazedonien, am Rande eines Bürgerkrieges. Im Schutze niedriger Häuser, dicht bei einer Moschee, sitzen und stehen völlig ungerührt, schnauzbärtige Albaner, wilde Gesellen, die mit ihrer Körpersprache ausdrücken: Wir sind zu allem entschlossen.

Nur mühsam komme ich mit ihnen ins Gespräch, es gehe ihnen, so sagen sie, um die Gleichberechtigung der Albaner, die Befreiung einer Minderheit. In der Tat höre ich damals überall das gleiche: Die Albaner in Mazedonien fühlen sich diskriminiert, obwohl ihre politischen Vertreter in der Regierung sitzen. »Wir sind 45 Prozent der Bevölkerung, aber haben keine Rechte«, sagt mir einer. 45 Prozent ist natürlich Unsinn, aber auch die 23 Prozent, die die Regierung als offizielle Zahl nennt, ist wohl nicht zu halten, die Wahrheit dürfte in der Mitte liegen. Wahr ist freilich auch: die slawischen Mazedonier fürchten die Albaner, ob ihres Kindersegens, als eine biologische Zeitbombe, Armut und Perspektivlosigkeit haben eine explosive Stimmung geschaffen.

Selten nur habe ich damals Zeit gefunden, Tetovo als Stadt, als einen Platz kulturellen Lebens zu sehen. Kein Zufall, dass in dieser Stadt die orthodoxen Kirchen weder interessant noch kulturhistorisch wertvoll sind. Ganz im Gegensatz zu den moslemischen Gotteshäusern, von denen die *Šarena džamija* die schönste ist. Diese »Bunte Moschee», begründet im Jahre 1495, eine Art Wahrzeichen von Tetovo, sticht aus der ansonsten grauen Altstadt heraus, man ist fasziniert von den floralen, geometrischen und improvisierten Ornamenten mit Landschafts- und Architekturmotiven (der Koran verbietet bekanntlich die Darstellung menschlicher Figuren). Auf den ersten Blick wirkt diese Moschee wie ein Fremdkörper in dieser eher trostlosen Umgebung, unvermutet steht man

Die »Bunte Moschee« in Tetovo, eine der wenigen Sehenswürdigkeiten der Stadt

plötzlich nicht nur vor einem Gotteshaus, sondern vor einem Kunstwerk. Die Legende spricht davon, dass allein für die Außenbemalung 30 000 Eier zu Temperafarben verarbeitet worden sind. Ebenso üppig verziert ist das Innere dieser Moschee, auch hier Farben von einer Leuchtkraft, die um so staunenswerter ist, wenn man bedenkt, dass diese Farben bereits mehr als 500 Jahre alt sind (aber 1833 und 1991 im Rahmen einer umfangreichen Restaurierung aufgefrischt worden sind). Die Gebetsnische und die Kanzel sind aus Marmor und wurden offenbar bei der großen Renovierung im Jahre 1833 im Stil des Barock umgestaltet. Im Hof der Moschee befindet sich der Brunnen für rituelle Waschungen und ein Grabmal für die Stifterinnen der Anlage. 1991 wurde die Moschee durch die Islamische Gemeinschaft erneut renoviert, auch für Nicht-Moslems ist damit eine Sehenswürdigkeit in einer Stadt geschaffen worden, die ansonsten nicht eben als attraktiv gilt.

Tetovo ist aber in ganz anderer Hinsicht bedeutungsvoll. Jahrelang hatte es Streit gegeben um eine albanische Untergrund-Universität in Tetovo, deren Studienabschlüsse weder in Skopje noch in westlichen Ländern anerkannt wurden, die aber der zentralen Forderung der Albaner nach einem ungehinderten Zugang zu Bildungseinrichtungen Rechnung trug. Im Jahr 2001 dann endlich der Durchbruch: Mit Finanzmitteln der OSZE, der USA und einer Reihe von EU-Ländern (darunter auch Deutschland) wurde in kürzester Bauzeit auf der grünen Wiese die Südost-Europa-Universität (SEE) aus dem Boden gestampft. Aus dem Nichts war plötzlich eine zukunftorientierte Bildungseinrichtung entstanden, die ganz wesentlich von Gastprofessoren aus aller Welt getragen wird. Vorlesungsgebäude und Unterkünfte waren noch gar nicht ganz fertig, da hatten sich bereits 860 Studenten eingeschrieben, obwohl dies eine Privatuniversität ist und die Gebühr (das Grundstudium kostet zwischen 850 und 2100 Euro im Jahr) für Familien in einem so armen Land wie Mazedonien schwer aufzubringen ist. Bemerkenswert und für die Zukunft dieses Landes ein Hoffnungsschimmer, dass neben der Mehrheit der Albaner auch slawische Mazedonier diese alma mater nutzten. »Ich hoffe, dass ich hier die gleichen Bedingungen haben werde wie die anderen Studenten«, sagte mir damals einer von ihnen, »und ich glaube, dass das Studium hier gut für mich ist, ich bin ja nicht der einzige Nicht-Albaner, der hier studiert, und ich habe gehört, dass die Vorlesungen in Albanisch, Mazedonisch und Englisch sein werden.« Bleibt nachzutragen: Im Sommer 2007 schloss bereits die dritte Studentengeneration ihr Studium an der SEE-Universität ab.

Einer der Gründe, die zu den Konflikten zwischen den Ethnien geführt haben, war die hemmungslose Demagogie der Fernsehmacher. Als westlicher Journalist, der es immer als selbstverständlich empfunden hat, Kontroverses auch kontrovers darzustellen, immer beide Seiten in gleicher Weise zu behandeln (auch wenn das Herz oder der Verstand die eine Seite bevorzugt), war ich damals geradezu empört über die Einseitigkeit, mit der die Redakteure beider Seiten ihre jeweilige Position artikulierten. Wer sich übers Fernsehen informieren wollte, musste verschiedene Nachrichten sehen: um 7 Uhr die Nachrichten vom mazedonischen Fernsehen in albanischer Sprache, um acht die in Mazedonisch. Und dabei gewann man den Eindruck, beide berichteten über verschiedene Länder. Das albanische Programm, Hightech pur, gefiel sich in offener Unterstützung der Freischärler im Norden des Landes. Obwohl Teil des Regierungsfernsehens, wurde hier kompromisslos gegen die Regierungslinie verstoßen, nach der die Rebellen Terroristen sind.

Die Moderatorin verstieg sich in einem BBC-Interview sogar zu der Aussage: »Meine Meinung ist: Die UCK-Kämpfer sind Helden. Wenn ich Gelegenheit hätte zu kämpfen, würde ich auch kämpfen.« Der mazedonische Generaldirektor schäumte, die Kollegen sprachen von einem Skandal, doch der Vertreter des Generaldirektors, Immer Ismaeli, ein Albaner natürlich, hielt seine schützende Hand über die Moderatorin: »Sie hat nur ihre persönliche Meinung geäußert. Die Männer da oben sind Dorfbewohner, die damals von Serben geschunden wurden und nun von mazedonischer Armee und Polizei misshandelt werden. Wenn ich da wäre, würde ich auch zum Gewehr greifen.« Dass es gerade in dieser Krisensituation darauf angekommen wäre, dass man seine Arbeit professionell macht, und das heißt, auf Ausgewogenheit achtet, war einem Teil der Kollegen nicht zu vermitteln.

Die Auseinandersetzungen zwischen Slawo-Mazedoniern und Albanern waren für mich auch der Grund, in den Süden des Landes, nach Bitola zu fahren, eine der reizendsten Städte am südlichen Balkan, die Stadt der Kaufleute, Konsuln und des Kaffees. Bitola, nahe der griechischen Grenze gelegen, wurde im 10. Jahrhundert erstmals urkundlich als slawische Stadt erwähnt und im Jahre 1382 von den Türken eingenommen, die es fortan, bis zum Ende ihrer Herrschaft über den Balkan im Jahre 1912, Manastir nannten – Manastir, das türkische Wort für Kloster, weil sich ab dem 9. Jahrhundert das Christentum im Süden Mazedoniens ausgebreitet und in und um Bitola zahlreiche Klöster hinterlassen hatte. Unter türkischer Herrschaft war die Stadt ein wichtiges Handels- und Verwaltungszentrum, nach Thessaloniki die wichtigste Metropole in Mazedonien.

Heute ist Bitola eine Stadt des 19. Jahrhunderts, mit prunkvollen Neo-Barock und -Renaissancefassaden, eine Stadt der Vergangenheit freilich. Damals aber war Bitola eine Art diplomatische Hauptstadt Mazedoniens, ein militärisches, politisches und administratives Zentrum, in dem die Konsuln der europäischen Großmächte den Niedergang der Türkenherrschaft am Balkan verfolgten. Die attraktive Flaniermeile der Stadt wird dominiert von den Uhrenturm, einem 30 Meter hohen Bauwerk, das angeblich schon im 16. Jahrhundert erwähnt wird, und durch Gebäude in pink, ocker und weiß-grau, Residenzen der eben erwähnten Konsuln. Diese schöne Bausubstanz ist mitteleuropäisch geprägt, gibt dem Besucher einen Eindruck vom Lebensgefühl des ausgehenden 19. Jahrhunderts und erklärt auch, weshalb die Bewohner dieser Stadt sie als die eigentlicher Hauptstadt des Landes ansehen. Fast alle dieser Gebäude waren zum Zeitpunkt meiner Reportage im Jahre 2000 in einem beklagenswerten Zustand, heute sind die meisten restauriert, heute ist Bitola wieder ein mazedonisches Schmuckstück.

Mein mazedonischer Mitarbeiter empfahl mir, ins Nationalmuseum zu gehen, er versprach mir Erkenntnisse zur Geschichte des Landes, schwärmte von den schönen Volkstrachten, die da zu sehen seien. In Wirklichkeit wollte er mir etwas ganz anderes zeigen, worauf die Mazedonier heute stolz sind. Die osmanische Regierung hatte hier in Manastir eine Militärakademie gegründet, und deren berühmtester Schüler sollte es zu Weltruhm bringen: Kemal Atatürk, der Begründer der modernen Türkei, gemeinhin genannt »Vater der Türken«. Neben einer Büste ist eine Reihe von Dokumenten zu sehen, die das Wirken Atatürks in dieser Region belegen.

Nahe Bitola liegt einer der wichtigsten Plätze für den an Kultur interessierten Reisenden: *Heraclea Lycestis*, die von König Philipp II. im 4. Jahrhundert vor Christus gegründete mazedonische Kolonie. Der Ort lag damals an der Nordgrenze seines Reiches, der Sohn, Alexander der Große, dehnte sein Imperium kurzfristig sogar bis an die Donau aus, Skopje lag freilich immer außerhalb des antiken Mazedoniens (soviel nochmals zum Namensstreit). Bereits 168 v. Chr. wurde die Kolonie allerdings von den Römern übernommen, die die *Via Egnatia* (ich komme auf diese bedeutende Verbindung zwischen Adria und Ägäis noch zurück) auch durch *Heraclea* zogen und die Stadt zum Verwaltungssitz der römischen Provinz *Lycestis* machten. Julius Caesar schuf hier im römischen Bürgerkrieg eine Nachschubbasis für seine Truppen auf dem Balkan und siedelte nach dessen Beendigung Veteranen an.

Genug der Vorgeschichte! Seit 1935 werden die Schätze dieser antiken Siedlung freigelegt, die sogar verschiedene Erdbeben überstanden haben. Die römischen und byzantinischen Mosaiken, die hier vor fast 2000 Jahren geschaffen

Römische und byzantinische Mosaiken in Heraclea Lycestis – *Symbole des Wohlstandes römischer Eroberer*

wurden, waren ja nicht als Kunst gedacht, sie waren ganz normales Handwerk, Symbole des persönlichen und öffentlichen Wohlstandes, mit dem Tempel und Wohnhäuser geschmückt wurden. Heute bewundern wir in andächtigem Staunen den luxuriösen Glitzer, in dem wir Pflanzen und Tiere erkennen. Und wir fühlen uns wie der Betrachter damals, der den Eindruck erhalten sollte, er wandle durchs Paradies. Noch immer ist nicht alles freigelegt, was da an Schätzen unter der Erde ruht, zu sehen sind jedoch schon ein römisches Thermalbad mit vier Warmwasserbecken und ein Amphitheater sowie Pfeiler von Tempeln und Stelen, die von hohem künstlerischen Verstand der Handwerker zeugen. Die sogenannte »Kleine Basilika« ist erkennbar durch einen Marmorfußboden, die »Große Basilika« mit einem prachtvollen Mosaikfußboden, auf dem unter anderem Jagdszenen dargestellt sind, scheint mir der schönste Teil dieser wunderbaren Ausgrabung zu sein.

Weniger kulturhistorische als politisch-historische Gründe treiben mich nach Kruševo, einem Bergstädtchen nördlich von Bitola. An einem steilen Hang gelegen, im 15. Jahrhundert zum ersten Male erwähnt, war der Ort zu Beginn des 20. Jahrhunderts das Zentrum des Ilinden-Aufstandes gegen die Herrschaft der Osmanen im Sommer 1903. Die Bezeichnung Ilinden stammt vom Tag des heiligen Elias (Ilin den), an dem der Aufstand ausgebrochen war. In Kruševo konnten die Aufständischen kurzfristig Erfolge verbuchen und sogar eine kurzlebige »Republik Kruševo« ausrufen. Ohne Hilfe von außen hatten sie jedoch keine Chance, sich gegen die osmanischen Truppen zu behaupten. Der Aufstand wurde nach wenigen Tagen niedergeschlagen, die Republik von Kruševo hatte nur gerade zehn Tage Bestand. Trotzdem kommt dem Ilinden-Aufstand große Bedeutung für das heutige mazedonische Nationalbewusstsein zu, auch wenn es übertrieben ist, das moderne mazedonische Nationalgefühl auf diesen Aufstand zu projizieren. An den Aufstand erinnert unter anderem das oberhalb von Kruševo errichtete *Makedonium*, eines der hässlichsten Monumente auf dem Balkan – für mich sieht das Ganze aus wie ein Oktopus, dem man seine Fangarme abgeschnitten hat. Interessanter scheint mir die Ikonensammlung in der Kirche des heiligen Johannes, einem wenig attraktiven Gotteshaus.

Die Kirche steht freilich im Schatten des Makedoniums, wenn es um Besucher, um Touristen geht. Denn das mazedonische Nationalbewusstsein hat in diesem Lande einen herausragenden Stellenwert, nicht zuletzt aufgrund der oben geschilderten Konflikte mit der albanischen Minderheit.

Von all diesen Problemen spürt man nichts mehr – zumindest als ausländischer Besucher – am Ohridsee, einem landschaftlichen Juwel, das kein Reisender übergehen sollte. War es diese Atmosphäre, die im Jahre 2001 letztlich den Ausschlag dafür gab, dass sich Albaner und Slawo-Mazedonier auf jenen Vertrag einigten, der dem Land seither Frieden gebracht hat? Wie auch immer, der Ohridsee, das beliebteste Reiseziel in Mazedonien, stimmt einen allein schon durch seinen landschaftlichen Zauber milde. Er ist nicht nur der größte See des Landes, er ist auch der tiefste am Balkan und gilt mit geschätzten vier Millionen Jahren als einer der Ältesten weltweit. An seinen Ufern eine üppige Vegetation, der See selbst kristallklar. Dieser See ist ein bedeutendes Vogelreservat, aber auch Lebensraum für zahlreiche Fischarten,

Ein heiliger Grenzposten: Sveti Naum am Ohridsee an der Grenze zu Albanien

von denen die wohlschmeckende Ohrid-Forelle mit ihrem zartrosa Fleisch die berühmteste ist.

Mitten durch den See zieht sich die Grenze zu Albanien, unmittelbar an der Grenze auf einem Felsenvorsprung liegt das Kloster *Sveti Naum*, das hier wie ein heiliger Grenzposten wirkt. Das Kloster wurde um 900 vom Heiligen Naum gegründet der hier, so sagt man, Geisteskranke geheilt und Besessene von Dämonen befreit hat. Die heute bestehende Kirche ist jedoch erst im 17. Jahrhundert auf den Grundmauern des Originalbaues errichtet worden, nachdem die Türken das Kloster zerstört hatten. Der heilige Naum (der auch hier begraben ist), war ein Schüler der »Slawenapostel« Kyrill und Method und mit ihnen an der Schaffung einer slawischen Schriftsprache beteiligt. Seine Idee, die Vervielfältigung der Heiligen Schrift, führte zur Verbreitung des Evangeliums im gesamten slawischen Raum. Deshalb gilt Naum als Aufklärer der Orthodoxie, »seine« Kirche ist heute ein Wallfahrtsort. In der zierlichen Basilika des Klosters zelebriert denn auch ein Mönch jeden Sonntag die orthodoxe Liturgie mit den alten slawischen Kirchengesängen.

»In Ohrid hat eigentlich die Menschheitsgeschichte begonnen. Der See ist der älteste See, die Uni die älteste Uni, die Kirchen sind sowieso am ältesten, und der Baum auf dem Platz ist auch sehr, sehr alt. Das erzählt zumindest Philipp, der Reiseführer, in bestem Deutsch und Prada-Sandalen.« In wenigen Sätzen hat da in der Wiener Zeitung »Standard« eine Kollegin das Selbstbewusstsein der Menschen hier in Ohrid beschrieben. Und so ganz aus der blauen Luft geholt ist das alles ja auch nicht: Ohrid, die scheinbar aus dem silbrigblau schimmerndem glasklaren Wasser des Sees emporsteigende, sonnendurchflutete Stadt ist eine ganz außergewöhnliche balkanische Kostbarkeit. Wohl nicht umsonst wird die Stadt schon 217 v. Chr. als *Lychnidos* – die Leuchtende – erwähnt. Wie eine Krone liegt die *Samuil-Festung* über der Altstadt, die sich schon durch die ganz eigenständige Architektur von anderen Städten des Balkans abhebt. Diese Häuser aus dem 19. und 20. Jahrhundert sind zwar nicht besonders alt, aber auf den ersten Blick durch die spezielle Fassadengestaltung erkennbar als orientalische Stadthäuser. Kein Wunder denn auch, dass der französische Stararchitekt Le Corbusier diesen Bauten in seinen gesammelten Werken einen besonderen Rang zuordnet.

Wie in anderen bedeutenden Städten, so bauten die Römer auch hier eine Arena, in der das Massenpublikum nach dem Motto »Brot und Spiele« Komödien und Tragödien nach griechischem Vorbild, später aber auch tödliche Gladiatorenkämpfe zu sehen bekam. Heute findet in der Arena das »Ohrider Sommerfestival« statt, das seit 1961 zum kulturellen Aushängeschild Mazedoniens geworden ist und Festspiel-Touristen aus aller Welt anlockt. Hier stehen unter anderem Mozart, Beethoven und Händel auf dem Programm, hier gastieren Weltstars wie Katia Riccarellli, Gideon Cremer oder Mstislav Rostropovic, um nur einige zu nennen.

Ohrid, so sagt man hier, ist ein Natur- und Kulturschatz, eingeklemmt zwischen Bergen und Ufer. Im 4. Jahrhundert vor Christus gegründet (im Jahre 2002 fanden Archäologen sogar eine goldene Begräbnismaske, die aus dem 5. Jahrhundert vor Christus stammt), war Ohrid in römischer Zeit Umschlagplatz an der *Via Egnatia*.

Diese Heerstraße, mehr als 100 Jahre v. Chr. gebaut, war die östliche Fortsetzung der *Via Appia*, sie verband das Römische Reich von der Adriaküste, beginnend beim heutigen Durres in Albanien mit Kostantinopel. Sie streifte den Ohridsee und das heutige Bitola, führte damals durch Illyrien, Makedonien und Thrakien, was auf unsere moderne Staatenwelt bezogen bedeutet: Sie verlief durch Albanien, Mazedonien, Griechenland, Bulgarien und die Türkei. Benannt wurde diese Heerstraße nach Gaius Ignatius, der Prokonsul

Die Stadt Ohrid am malerisch gelegenen See ist eines der bekanntesten Tourismusziele im Lande.

in Mazedonien war und den Bau im Jahre 146 v. Chr. in Auftrag gab. Er hatte die strategische und wirtschaftliche Bedeutung dieser Verbindung für das römische Reich erkannt und verstand, sie auch zu nutzen.

Ohrid ist in den Folgejahrhunderten in dreifacher Weise Teil der Geschichte Europas: als Zentrum der slawischen Kirche, des slawischen Schriftentums und der slawischen Kultur. Gegen Ende des 9. Jahrhunderts wirkten hier die Missionare Kliment und Naum, Jünger der »Slawenapostel« Kyrill und Method, und gründeten mehrere Klöster, weshalb Ohrid, die Wiege des slawischen Christentums, zum geistigen und kulturellen Zentrum des Balkans aufstieg. Sichtbarer Ausdruck dieser Frömmigkeit ist die Tatsache, dass es in Ohrid und Umgebung 365 Kirchen gibt, offenbar will die Region sogar mit Rom wetteifern. Zwei von ihnen seien hier nur am Rande erwähnt: die Kirche *Sveti Pantelejmon* aus dem 10. Jahrhundert, die in den letzten Jahren restauriert wurde und nun wieder die tiefe Religiosität ihrer Entstehungszeit zum Ausdruck bringt. Ein paar Schritte weiter finde ich auf einen kleinen Felsvorsprung mit Blick über den Ohridsee ein kleines Kirchlein, *Sveti Kaneo* aus dem 13. Jahrhundert, das mit wunderschönen Fresken hervorsticht.

Grandios dagegen die Sophienkirche aus dem 11. Jahrhundert, eine auf den Fundamenten eines frühchristlichen Vorgängerbaus errichtete dreischiffige Kathedrale. Erzbischof Leo konfrontierte die Gläubigen hier mit einer bis dahin unbekannten Bilderwelt, erstmals durfte Christus als Herrscher thronen, doch noch waren die Figuren starr, schematisch dargestellt. Im Jahre 1317 ließ Erzbischof Grigorije diese Kirche um eine zweigeschossige, arkadenartige Vorhalle erweitern, die einen Blick ins Kircheninnere erlaubte, womit auch ein breites Publikum in den Genuss der neuen Bilderwelt kam. Als die Türken den Balkan erobert hatten, verwandelten sie die Kirche in eine Moschee und übermalten die Fresken mit weißer Farbe, womit sie – ungewollt – dazu beitrugen, dass diese über die Jahrhunderte erhalten blieben. Seit den 1950er-Jahren werden diese herausragenden Werke der byzantinischen Kunst nun freigelegt, und es erweist sich, dass sie zu den weltweit am besten erhaltenen Bildern des 11. Jahrhunderts zählen.

Ein weiteres Beispiel für die fortschrittliche Freskenmalerei jener Zeit findet sich in der Kirche des heiligen Kliment aus dem Jahre 1295, die heute Sveta Bogorodica Pervilepta heißt. Diese Kirche, in die man nach Verwüstungen durch Osmanen die Gebeine des Heiligen Kliment gebracht hatte, weist Kirchenmalerei aus der Zeit der »Renaissance der Paläologen« auf, dem letzten großen Zeitalter der byzantinischen Kunst. Diese Bilderwelt der beiden Maler Michael und Eutychios aus dem 14. Jahrhundert aber ist bereits losgelöst

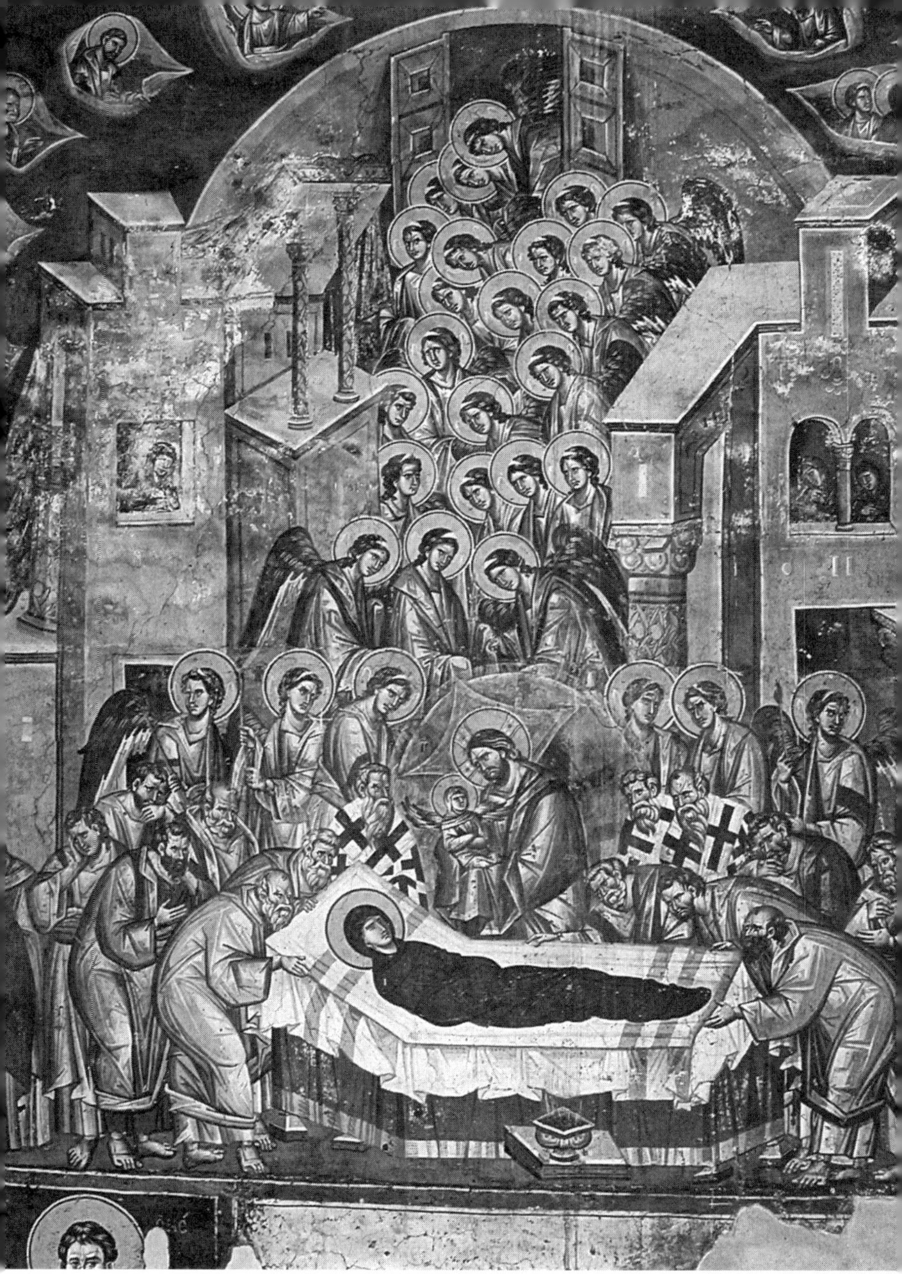

Die Freskenmalerei in den Kirchen rund um den Ohridsee gehört zu den wunderbarsten Sehenswürdigkeiten des Balkans.

von der Strenge herkömmlicher byzantinischer Kunst, die immer auch von Macht und Herrschaft ihrer Zeit erzählte, denn natürlich hatten Könige und Bischöfe genau festgelegt, was gemalt werden durfte. In diesen Fresken wird jedoch Neues gewagt, es ist der Bruch mit herkömmlicher Malerei: erschütternde Massenszenen, bewegte Gesichtsausdrücke, perspektivische Darstellungen, Gestalten mit fast athletischen Körpern und jugendlichem Elan. Eine scharfkantige Linienführung vermittelt höchste Ausdrucksstärke, die Reinheit der Farben wird noch unterstrichen durch eine elegante Komposition – hier ist der Grundstock zu sehen für einen Stil, den wir heute Renaissance nennen.

Gute Aussichten rechnet sich Mazedonien in Sachen EU-Mitgliedschaft aus: bereits seit dem Jahre 2004 gilt es als Kandidat und Vorreiter für die Mitgliedschaft der anderen Staaten des Westbalkans Serbien, Montenegro und Albanien. Bis zur Mitgliedschaft ist es freilich noch ein weiter Weg, denn trotz einer positiven wirtschaftlichen Entwicklung, die in Prozent angegeben wird und damit – weil diese Daten von einem sehr niedrigen Niveau ausgehen – den falschen Eindruck erwecken, es sei alles EU-kompatibel, hinkt Mazedonien weit hinterher. »Eine funktionierende Marktwirtschaft wird immer noch durch institutionelle Probleme behindert«, kritisiert denn auch die EU-Kommission. Zwar hat man bei der Inflationsbekämpfung Fortschritte erzielt und auch die öffentlichen Finanzen weisen Erfolge aus, aber andere ökonomische Reformen kommen nur sehr langsam voran.

Vor allem die Arbeitslosigkeit ist mit 36 Prozent extrem hoch und das Wirtschaftswachstum lässt zu wünschen übrig, das Bruttosozialprodukt liegt im Jahre 2007 noch immer unter dem des Jahres 1989 – und das war, im alten Jugoslawien, niedrig genug. In Zahlen ausgedrückt: Pro Kopf betrug das BIP im Jahre 2006 nur 2400 Euro, das sind etwa zehn

Prozent des EU-Durchschnittes. Und selbst wenn man diesen Wert noch um Kaufkraftunterschiede bereinigt, kommen die zwei Millionen Mazedonier nur auf ein Viertel des EU-Mittelwertes. Mit anderen Worten: Das Land gehört zu den Ärmsten in Europa. Dies zeigt sich auch beim Lohnniveau: Ein Arbeitnehmer verdiente im Jahre 2007 im Schnitt rund 376 Euro brutto im Monat, wobei freilich hinzuzufügen ist, dass fast jeder legale oder illegale Nebeneinnahmen hat, sodass von einer allgemeinen Armut in den Bars und Restaurants nichts zu verspüren ist.

Trotzdem, das niedrige Lohnniveau hat bisher kaum dazu geführt, dass ausländisches Kapital ins Land fließt, dass internationale Konzerne hier Gründe für umfangreiche Investitionen ausgemacht hätten – zu abschreckend wiegen offenbar noch immer Bürokratie, Rechtsunsicherheit, Korruption und ethnische Spannungen. So flossen im Zeitraum von 1989 bis 2006 pro Kopf gerechnet gerade einmal 814 Dollar ins Land. Zum Vergleich: Der EU-Neuling Bulgarien (wo die Korruption weitaus höher ist) kam in der gleichen Zeit auf ausländische Direktinvestitionen von 2230 Dollar je Einwohner. Erst als die Einkommensteuer auf zwölf Prozent abgesenkt wurde (im Jahre 2008 soll sie sogar auf zehn Prozent fallen) haben sich britische und amerikanische Autozulieferer entschlossen, in Mazedonien zu investieren. Für das Jahr 2007 rechnet man denn auch mit einer Wachstumsrate von 5,5 bis 6 Prozent, wobei eine Inflationsrate mit zwei Prozent beispielhaft ist.

Immerhin geht inzwischen die Hälfte aller Exporte in die Europäische Union. Grundsätzlich gilt: Mazedonien wird darunter zu »leiden« haben, dass die EU seit den schlimmen Erfahrungen mit Rumänien und Bulgarien nunmehr auf strikte Einhaltung aller Beitrittsstandards besteht, etwa im Bereich Justiz- und Polizeireform oder der Modernisierung der öffentlichen Verwaltung, bei der rund 60 Prozent (!) aller

Mazedonier arbeiten. Kein Wunder, dass bei derartigen Zahlen die Mittel für den Ausbau der Infrastruktur fehlen.

Und hier liegt auch das zentrale Problem des Landes, besser gesagt, das größte Hindernis auf dem Weg in die EU begründet. Denn Verwaltung und Staatsunternehmen werden wie in früheren kommunistischen Zeiten von der Partei – heute den Parteien – kontrolliert, was das Problem verschlimmert – damals war es nur eine! Aber seit der Unabhängigkeit 1991 nutzten alle politischen Lager die zunächst unübersichtliche Lage, um die ehemals staatlichen Betriebe in den Besitz ihrer Mitglieder zu bringen. Das Resultat: Die politischen Parteien, die Privatisierungsprofiteure und der gesamte öffentliche Dienst sind fast untrennbar miteinander verwoben – zum Schaden des Staates.

Alles in allem also keine sehr erfreuliche Zukunftsperspektive, obwohl die EU dem Lande im Dezember 2005 den Status eines Beitrittskandidaten zugebilligt hat. In Skopje hat man trotzdem keine Illusionen: Der Weg in die EU wird steinig sein – und lang.

Zielpunkt Europa

MIT MAZEDONIEN ENDET DIESE ZEITREISE durch das ehemalige Jugoslawien. Wir haben eines der farbigsten Länder Europas durchstreift, ein Land der Kontraste und der Übergänge, eine unglaubliche Vielfalt der Landschaften und Kulturen. Von diesem Staat Jugoslawien ist nichts mehr übrig geblieben, nicht einmal der Name, den am Ende noch Serbien und Montenegro erhalten wollten. Aber das Erbe einer mehr als zweitausendjährigen Geschichte, die Sehenswürdigkeiten und Denkmäler, sind nach wie vor präsent. Und sie lohnen mehr als nur eine Reise.

Hinzu kommt, dass nach all den Kriegs- und Krisenjahren heute und auch in Zukunft diese Reise völlig ungefährlich ist, im Gegenteil, der Besucher wird mit einer für die meisten Mitteleuropäer unglaublichen Gastfreundschaft empfangen – und zwar nicht nur, weil er Geld bringt. Ich habe selbst in schlimmsten Zeiten hier Zuwendung empfangen, die ich, unter anderem aufgrund der wirtschaftlichen Lage dieser Menschen, nicht erwartet hätte. Eine schöne Hoffnung, na ja, zumindest eine Illusion ist für mich, dass diese Atmosphäre nach einem EU-Beitritt der Länder des Westbalkans auf die alten Mitglieder der Europäischen Union ausstrahlen möge.

Denn dass die hier beschriebenen Länder zu Europa gehören und eines Tages auch tatsächlich Mitglieder der EU sein werden, steht für mich außer Frage. Dabei ist mir natürlich klar, dass nach dem misslungenen, weil zu rasch und gegen alle Prinzipien verstoßenden Beitritt von Rumänien und Bulgarien nun eine »Erweiterungsmüdigkeit« herrscht und die künftigen EU-Aspiranten schärfer denn je unter die Lupe genommen werden. Was der Gemeinschaft nur gut tun kann! Absehbar ist aber bereits jetzt, dass die Aussicht auf Mitgliedschaft in den Ländern des ehemaligen Jugoslawien sowohl gesellschaftspolitisch als auch wirtschaftlich zu einer ungeahnten Stabilisierung beigetragen hat. Allen Regierungen ist klar, dass die umfangreiche Reformarbeit, mit denen die osteuropäischen Staaten den EU-Beitritt geschafft haben, auch auf sie noch zukommt und erhebliche Anstrengungen erfordern wird. Aber soweit absehbar wollen alle diesen Weg gehen, der ihnen (und mir) als der einzig vernünftige erscheint.

Obwohl es in einigen Ländern nach wie vor ethnische Gegensätze gibt, ist heute nirgends mehr – mit Ausnahme des Kosovo – ein bewaffneter Konflikt vorstellbar. Krieg, Vertreibung und ethnische Säuberung gehören zu einer dunklen Vergangenheit, an die sich die Menschen zwar zurückerinnern, die sie aber für ihre Zukunft vermeiden wollen.

Freilich gilt auch der Grundsatz: Wer sich der Geschichte nicht erinnert, ist verdammt, sie wieder zu durchleiden. Für mich besteht der Treppenwitz der jüngsten Geschichte des Balkans darin, dass sich die jugoslawischen Völker mit viel Blutvergießen getrennt haben, um jetzt, in einem vereinten Europa, auf zugegeben ganz andere Weise wieder zusammenzufinden. Schon gibt es erste Kooperationen der Balkan-Völker, schon werden wirtschaftliche Beziehungen gepflegt, schon sind Reisen zu den einst »feindlichen« Nachbarn unproblematisch und an der Tagesordnung. Die Zeit heilt viele Wunden, und vielleicht ist der eine oder der andere der heutigen Politiker ja in der Lage, dem Vorbild Deutschlands und Frankreichs nachzueifern, sodass aus ehemaligen Feinden sogar echte Freunde werden.

Noch aber ist es längst nicht so weit, noch spielen Ressentiments eine Rolle bei der Bewältigung der Zukunft, noch ist hier und da kleinlicher Streit zu beobachten, wenn es um wirkliche oder angemaßte Interessen oder gar um den Grenzverlauf geht – siehe Slowenien/Kroatien. Aber genau hier zeigt sich auch die wichtige Rolle der EU: Die beiden Ministerpräsidenten Sanader und Janša haben den Konfrontationskurs ihrer jeweiligen Vorgänger verlassen, die Drohung Sloweniens, den EU-Beitritt Kroatiens zu blockieren, ist zumindest offiziell vom Tisch, der Grenzkonflikt in der Bucht von Portorož, so sagen beide, soll so rasch wie möglich beigelegt werden, und auch der Streit um Stromlieferungen aus dem gemeinsamen Kernkraftwerk Krško ist nun entschärft.

Schwieriger zu bewältigen ist offenbar der Umgang der »Ljubljanska Banka« mit den Kleinanlegern aus den ehemaligen jugoslawischen Republiken, die nach 1991, als die Bank zum rein slowenischen Besitz erklärt wurde, schlicht enteignet worden sind. Auf gleicher Ebene liegt die Tatsache – eigentlich ein Skandal –, dass Slowenien die etwa 18 000 Jugoslawen, die nicht Slowenen sind, einfach aus den Melderegistern gestrichen hat und ihnen damit auch die ihnen zustehende Rente vorenthält. Slowenien würde gut daran tun (und auch die eigene Reputation verbessern), würde es nun endlich als EU-Mitglied diese Vorgänge auf der Basis eines europäischen Wertesystems in Ordnung bringen. Doch davon will man in Ljubljana bis heute nichts wissen.

Obwohl Kroatien die serbische Minderheit im Parlament eingebunden hat und die rückkehrwilligen Flüchtlinge unterstützt, gibt es nach wie vor einige Streitpunkte zwischen Belgrad und Zagreb. Es geht um ein paar Donauinseln im Osten des Landes, da Kroatien vom dort boomenden Kreuzfahrt-Tourismus profitiert. Immerhin habe ich bei Vukovar ein Glühwürmchen der Hoffnung entdeckt: eine Fähre, die

Menschen vom kroatischen zum serbischen Ufer bringt – und umgekehrt. »Nema problema«, meinte der Fährmann. Dann gibt es da auch noch den Streit mit Montenegro um die Halbinsel Prevlaka südlich von Dubrovnik.

Aber das sind eher Nebensächlichkeiten im Vergleich zu dem auf internationaler Ebene ausgetragenen Konflikt Kroatiens und Bosniens mit Serbien wegen Völkermordes. Der Internationale Gerichtshof in Den Haag hat im Februar 2007 eine Klage Bosniens abgewiesen, die Vorgänge um Srebrenica zwar als Völkermord bezeichnet, eine Schuld Serbiens und damit Schadenersatz-Forderungen aber verneint. Kroatien hat eine ähnliche Klage angestrengt, eine Entscheidung steht noch aus.

Auch das Thema Kosovo wird uns wohl noch lange erhalten bleiben, denn eine Lösung, die Serben wie Kosovaren zufrieden stellt, gibt es nicht. Bemerkenswert aber ist, dass Russland diesen Streit genutzt hat, in Europa künftig stärker Einfluss zu nehmen. Ich habe ja im Kosovo-Kapitel schon beschrieben, dass das russische Engagement wohl kaum etwas mit der von Moskau betonten Freundschaft zu Belgrad zu tun hat. Wie zur Bestätigung dieser These bot Putin im Juni 2007 den Ländern Südosteuropas eine intensive Zusammenarbeit in der Energiepolitik an. Der Kreml-Herr macht denn auch kein Geheimnis daraus, dass er Serbien benutzt, um die Europäer in ihrer Uneinigkeit vorzuführen und militärstrategisch einen Fuß in Europa zu haben. Ob die Serben gut beraten sind, sich so vollkommen dem Kreml auszuliefern, sei dahingestellt – andere Völker haben mit dieser Art der Politik nicht eben gute Erfahrungen gemacht.

Lediglich Mazedonien hält sich aus den Streitigkeiten der Brüder von einst heraus, eingedenk der Tatsache, die Präsident Branko Crvenkovski mit dem Satz formuliert hat: »Auf dem Balkan sind alle von schwierigen Nachbarn umgeben.«

Dies geht bis hin zu sportlichen Ereignissen. Fußballspiele zwischen kroatischen und serbischen oder montenegrinischen Mannschaften müssen jeweils von starken Polizeiaufgeboten geschützt werden – wie eh und je. Das ist zwar leider ein weltweites Phänomen, am Balkan kommt zum Vereinsfanatismus aber auch noch die nationalistische Raserei hinzu. Besonders bedenklich ist dabei, dass in die Massenschlägereien junge Leute involviert sind, die bei Ende des Krieges kaum geboren waren – offenbar spielt die Erziehung hier eine ungute Rolle. Dass es in der Adria-Liga der Basketballer, in der sich Teams aus Slowenien, Kroatien, Bosnien und Serbien messen, bislang kaum Probleme gibt, führen Beobachter ebenfalls auf die starke Polizeipräsenz bei den Spielen und weniger auf die Vernunft der jungen Leute zurück.

Und trotzdem, die Gegensätze haben sich zwar nicht in Luft aufgelöst, aber sie werden heute in der Regel auf eine zivilisierte Weise ausgetragen. Europas Südosten, so scheint mir, ist auf dem besten Wege, ein neues Selbstbewusstsein zu entwickelt und sich der europäischen Werteskala anzuschließen. Gerade eben aus der jüngsten Erfahrung heraus sieht man hier wie überall, dass die Europäische Union als das größte Friedensprojekt aller Zeiten für den Balkan von eminenter Bedeutung ist.

Ein mir wohl gesonnenes Schicksal hat mich ab dem Jahr 1989 in den Balkan geschickt, wodurch ich den gesamten Umbruch in dieser Region hautnah miterleben konnte – und, wenn ich an die Kriegszeiten denke, miterleiden musste. Aber abgesehen von persönlichen Erlebnissen bleibt das Entscheidende für mich, dass ich dabei war, als Europa die Chance bekam, sich wieder als Kontinent zu begreifen und seine kulturelle Vielfalt zu präsentieren. Natürlich weiß ich, wie wichtig die Wirtschaft für das Leben des Einzelnen ist, und dass es noch lange dauern wird, bis die Länder des

Westbalkans ihre Defizite auf diesem Gebiet aufgeholt haben. »Europa ist schwierig«, meint Erhard Busek, »aber dass Faszinosum liegt gerade in der Schwierigkeit, den eigenen Kontinent zu begreifen.« Und der definiert sich für mich in erster Linie durch seine Kultur. Griechische und römische Hochkultur haben das Wertesystem Europas geprägt, und es ist für mich kein Zufall, dass die Zeugnisse dieser Hochkulturen auch überall im ehemaligen Jugoslawien zu finden sind. Dass dies auch werbewirksam ist, dass dies im touristischen Angebot ein Schwerpunkt sein könnte, dass Menschen nicht nur der Sonne und des Badens wegen ins Land kommen könnten, haben die zuständigen Stellen noch nicht – oder zumindest noch nicht genügend – erkannt. Bleibt zu wünschen, dass sich dies künftig ändert. Wenn dieses Buch ein wenig dazu beitragen könnte, wäre sein Sinn damit erfüllt.

ÖSTERREICH
Klagenfurt
Villach
Drau
Karawanken
Maribor
Mur
Plattensee
2864
Triglav
Bled
Ptuj
Julische Alpen
Save
Nova Gorica
Ljubljana
Pécs
Bilogebirge
SLOWENIEN
Zagreb
Lipica
Triest
Piran
Karlovac
Opatija
Rijeka
Istrien
KROATIEN
Krk
Rovinj
Pula
Banja Luka
Velebit
1758
Vaganski vrh
BOSNIEN-
HERZEGOWINA
Dalmatinische Inseln
Zadar
Dalmatien
Dinarische Alpen
Bosnisches Erzgebirge
Zenica
2005
Cincar
Sarajevo
Adriatisches Meer
Ancona
Šibenik
Split
Brač
Mostar
Hvar
Neretva
Korčula
Dubrovnik
Pescara
ITALIEN
Foggia
Bari